兩界書

百歲選堂

两界书

士尔 著

商务印书馆

图书在版编目(CIP)数据

两界书/士尔著. —北京:商务印书馆,2017
ISBN 978-7-100-13435-4

Ⅰ.①两… Ⅱ.①士… Ⅲ.①本体论 Ⅳ.①B016

中国版本图书馆 CIP 数据核字(2017)第 068603 号

两界书
士尔 著
伍仁 插图

商务印书馆出版
(北京王府井大街 36 号 邮政编码 100710)
商务印书馆发行
北京冠中印刷厂印刷
ISBN 978-7-100-13435-4

2017 年 5 月第 1 版　　开本 787×1092 1/16
2017 年 5 月北京第 1 次印刷　　印张 26¾
定价:68.00 元

内容提要

世有两界：天界地界，时界空界，物界意界，生界死界，灵界肉界，善界恶界，神界俗界，本界异界……两界对应，相辅相成；众生往来，昼夜未停。

《两界书》以界为经，以人为纬，以人之心用为结，以中华文化为钤键，以人类思想融会升华为合解，析世界之本，辨人性之实，探文明之向，问凡人正道。

本书以文明演进为主线，超越历史、神话、宗教、哲学、文学等传统范式界限，设元典话语，用文学修辞，以文白相合式汉语表述，创哲学文学新例，开跨界叙事先风，讲古往今来故事，筑灵魂栖息居所。

传承文化　架设桥梁　讲好故事

——《两界书》的中国精神

砖石与韵歌

文明与蒙昧，向善与向恶，和平与争战——诸如此类，是人类前行路上的永恒命题。

工业化以来，物质技术空前发展，但人类精神向前的步伐大大地滞后了，以致物奴现象严重，拜物主义猖獗。

信息时代，人类的交流最便利，但不同观念、文化间的碰撞冲突也最激烈。

当前一个十分迫切的议题是，伴随着中国经济的崛起，中国以什么样的整体形象进入世界，世界以什么样的眼光接纳中国，对中国对世界，都是一个大问题。

世界从未像今天这样躁动复杂，人类生活从未像今天这样多样化与一体化并存，并充满了强烈的未知性、不确定性。

在此情势之下，传承发展中华优秀文化，架设心灵桥梁，讲好中国故事，重要性不言而喻。

《两界书》旨在成为传承与架桥的一块砖石，中国故事的一曲韵歌。

教授的奇异经历

人类学教授士尔外出田野作业期间的一段奇异经历，成为《两界书》故事开启的引言。

在那个天荒地老人迹罕至的西部高原，在一个孤寂静谧的夜晚，士尔教授攀上海拔三千米的高坡，却不可思议地进入了一个亦真亦幻的超凡境界：天象机理、人文经脉，亘古英豪、万族流变——时空交错之下，他感觉天人合一、融入了自然，肉眼之外，心眼渐开。

这次奇异的经历彻底改变了士尔。返城之后，他再也难以按照惯常的轨迹生活，每天忙完白日的俗务，夜深人静之时便会来到堆满书籍杂物的工作室，与他从世界各地收集到的文献碎片、石器泥版之类的古物文献交语对谈。他把所见所谈所感一一据实辑录，遂成《两界书》十二卷。

《两界书》采以跨界的思维，超越历史、神话、宗教、哲学等传统范式习规，以文学的叙事手法，讲述人类文明的流变演进、人类向善的修为历程，解读世界人生，探寻灵魂居所。

讲故事的四原则

《两界书》独辟蹊径，力避流俗，遵循讲故事的四项原则：

讲故事不能鸡对鸭讲。书以世界古代神话共同具有的“创世”、“造人”等原型故事为引言，搭建普适性的故事平台，设置不同族群共同关注的话题语境，如世界的创造、人类的起源、生命的长短、族群的分化、教义的形成、人类的争战、习俗的演进、人性的进化、人类的未来，等等。对于这些话题，讲者与听者之间不是“鸡对鸭讲眼碌碌”，而是有相通的关切，相同的关注。

讲故事不能自说自唱。《两界书》不是单向度地传播讲者的声音，而是设立讲者与他者之间的对话——他者包含了不同的听者，在讲者和他者之间建立起思想对话和情感交流。针对生死、善恶、人性、生命的意义、人类的过往与未来等议题，《两界书》以“六先”（六位先贤先知）为代表，从人类不同的文化思想体系综合观照，“道先”、“约先”、“仁先”、“法先”、“空先”、“异先”各抒己见、各表其意，在不同思想观念的认知碰撞中，把儒、释、道、犹太—基督、希腊哲学等学说融会贯通，相互比照，听者置于其中、参与其内，听之、辨之，感之、悟之。

讲故事不能没有情节。有情节才有故事，光说教难以入心。《两界书》融合东西方素材，由典而出、化陈出新，似有相识、不曾相见；内容含括世界起源、族群分化、道统流变、异族纷争、百物工事、家庭伦理、男女情爱、人性教化、往时来世、辨思问道等等；叙事手法不拘旧规，合以神话、寓言、魔幻等文学修辞；全书采以框架式结构，讲述百多个既相对独立又相互串联的故事，以文学的叙事而非学术的逻辑推理，形象化地演绎文明进化，展现人性善恶，表述人生矛盾，感悟生命真谛。

讲故事不能没有主题。《两界书》以文明演进为主线，构建人性思辨和人类命运的话语体系；以中国文化精髓为内核，彰显天人合一、道法自然、四海一家等核心理念；倡导“天道立心，人道安身”的修为之道，在对人类有代表性的儒、释、道、犹太—基督、希腊哲学等学说论析辨证的基础上，提出“六说不悖，皆有其悟”的论断，而不是非此即彼式的排斥性判断，并将各说之“合正大道”归结为具有鲜明中国文化内涵的“敬天帝（敬天地）”、“孝父母”、“善他人”、“守自己”、“淡得失”、“行道义”六个基本要义。

凡人问道六要义

《两界书》以文明演进为叙事主轴，内在的精神脉络则是凡人问道——对人性修为和灵魂居所的探寻。经过各种学说的对话与辩证，《两界书》归纳的敬天帝、孝父母、善他人、守自己、淡得失、行道义等思想，集中而系统化地突显了中国精神的核心内涵。

敬天帝，即敬天地。“天帝”是古代华夏文明话语中的至高天神，俗称“老天爷”，亦即“昊天”，他并不依托于某一特定宗教而存在，而是属于神话信仰的范畴。《两界书》称：“敬天帝即敬天地”，明确将“天帝”与“天地”同义，在强化“天帝”信仰属性的同时，特别泛化了“天帝”的特指性，赋予其自然普遍意义。

《两界书·问道》曰：“人生天地之间，举头三尺有神明，离地半寸无根立。天意在上难违，地气在下不绝。心无敬畏，胆大妄为。人自为主，终将自毁。人享天帝之眷，凭天地立身，得天道指引。故天道自然为人主，高天大地为父母。”

“敬天帝”旨在通过对敬畏心、敬仰物的强调而确立人在世俗物质生活之外，还应具有的精神生活和信仰寄托。

孝父母。“孝”是最具中国传统文化特点的一种核心理念，《说文》称，善事父母者为“孝”。《论语·学而》：“孝悌也者，其为仁之本与。”《诗经·蓼莪》：“父兮生我，母兮鞠我。拊我蓄我，长我育我。顾我复我，出入腹我。欲报之德，昊天罔极。”这里陈述父母的养育之恩，后辈是很难报答的。中国古代有著名的“二十四孝”，辑录了从上古虞舜到后代的曾参、黄香等孝道经典，传承千年，影响深远。

《两界书·立教》以族规族戒的方式，倡导孝道在族统延续中的重要作用：“雅人后代须孝敬父母。亦要孝敬父母之父母，孝敬父母之兄弟姐妹”（《立教》6章）。“函人子孙须孝敬父母。须孝敬祖父母，孝敬父母之兄弟姐妹，孝敬年长之人”（《立教》9章）。在《两界书·盟约》中，“高崖沉金”的故事还讲述了“两子无孝，心无父母，以金为父，以银为母”的训诫故事。

“孝父母”旨在通过强调孝敬、孝顺之心而确立人类生活中应有的伦理规范，所谓“百善孝为先”。

善他人。《论语·里仁》曰：“德不孤，必有邻”；《孟子·离娄下》：“仁者爱人”。中国文化格外重视“人与他人”的关系，并以“仁善”思想为核心，且有极为详尽的阐释。仁、义、礼、智、信为中国儒家文化的核心内容，即所谓“五常”，其中“仁”是“五常”之中最重要、最有统领意义的思想，有谓“五常仁为首”。《论语·季氏》曰：“见善如不及，见不善如探汤”，《国语·周语下》:“从善如登，从恶如崩”，都是教诲人们要趋善避恶。

《两界书·教化》讲述了一个“双面人”的故事：人有双面，是因身有双心，一心向善，一心向恶，故人要扬善弃恶;《两界书·命数》讲述了“种瓜得瓜”的故事;《两界书·问道》详尽讨论了“何为人”的问题，倡导“仁为人所在”。

“善他人”旨在从人与他人的关系层面来厘定人际之间应有的社会准则。

守自己。守，从宀从寸，原意为掌管法度，俗语有“守身如玉”、“安贫守道”等说,《论语·学而》有“吾日三省吾身”之谓。中国传统文化极其重视个人的修身守正，强调克己自省。《礼记·大学》倡导修身、齐家、治国、平天下，把修身作为治国、平天下的基础。汉刘歆《遂初赋》:“守信保己，比老彭兮”，把“保己”与“守信”相并提，在“修身”的要求中强调了“信”的重要。

《两界书·教化》通篇讨论人的“教化”，“尤当善行未得善报，人心愈须守正”(《问道》3 章)，“守约践约，终得至高善报”(《问道》4 章)，“人言无信，类同犬吠”(《教化》6 章)。

“守自己”旨在从个人人格修守的层面来确立人之为人而应具有的自我规范。

淡得失。得失、功利的问题，是世俗人生面对的最为困扰的问题，也是儒释道哲学关注的核心内容。老子曰:“圣人不积，既以为人，己逾有；既以与人，己逾多”(《老子·八十一章》)，强调先人后己，看淡得失；庄子曰:“君子之交淡若水，小人之交甘若醴”（《庄子·外篇·山木》），强调君子之间应淡以相交；诸葛亮所说“非淡泊无以明志，非宁静无以致远”（《诫子书》），强调淡泊可以明志。“淡”与“恬淡”在中国山水画传统中是一种有代表性的审美理念，也是文人雅士追求的人生境界。儒释道的“舍得观”是一种关于“得失”的人生观和世界观，佛教以舍为得，得即是舍；道教中的舍有无为之意，得含有为之意；儒家强调舍恶以得仁，舍欲以得圣。“舍利成义”，“计利当计天下利”，都是中国文化所倡导的。

《两界书·立教》陈述各族戒规在信仰层面不尽相同，但在个人行为规范上颇多相通之处，或强调“该你所得可得，非你所得勿得”（6章），或强调“不可抢占他人财物，须自己种粮养活自己”（9章）。《两界书·争战》讨论人类的各种争战及其起因，藉天帝之口概括曰：“天下众生，自大为源，心争为根，物争为本，舍命求多”（11章），强调人类无止境的欲望是人类争战的根本原因。

“淡得失”旨在从功利的层面确立人在现世生活中应有的生活观、价值观。

行道义。中国传统文化既强调心性体认，也强调躬行笃行，强调知行合一。《尚书》曰“非知之艰，行之惟艰”；《礼记·中庸》对理想人格的要求是“博学之，审问之，慎思之，明辨之，笃行之”，落脚点在于“行”。然而所行的归依为何呢？为“道义”。“道”与“义”在这里为至高的道法、道德和义理、正义，是人们应该遵循的至高原则。

《两界书》归纳的问道六要义中，“至要者为行道义”：

> 行道义即行天道、尽人义，顺天行道，为人正义。善恶必明辨，从善如流，嫉恶如仇。生死当不迷，生之坦然，死之如归。悟行须合一，修在当下，皆为道场。(《问道》7章)

《盟约》中的德敦笃行守信、与道为约、重情好义（6章），《问道》中的耶维以身践行、广播天道大义（5章），以及“顺天行道，为人举义”的倬尼、倬尔父子（《问道》5章）等，都是“行道义”的典范楷模。

“行道义”旨在从现世生活的实践层面强调对至高道德义理的践行，体现了中国文化知行合一的生命追求、世界观念和价值取向。

《两界书》所阐发的核心要义——敬天帝、孝父母、善他人、守自己、淡得失、行道义，分别从信仰、伦理、社会、个人、功利、实践等层面，建构了一个完整的思想与价值体系，含括了世界观、价值观和人生观的全部范畴。

同时，这些中国文化的精神观念又是在与世界其他学说的对话中呈现的，并与世界文明优秀成果息息相通，体现了中国话语的世界表达。这不啻是中国文化有容乃大之和合性、包容性的体现，也彰显了中国优秀传统文化的世界价值和现代意义。《礼记·中庸》有谓“万物并育而不相害，道并行而不悖”，正是这些“并行不悖之道”才能搭建起不同文化之间的心灵桥梁，才能为人类命运共同体搭建起精神纽带——这个纽带也是中国文化走出去的纽带——文化走出去，才是真的走出去。

精神食粮　灵魂居所

《两界书》一开始就讲到，人有肉体的人和精神的人，人的整体由肉身与灵魂两部分组成。

肉体的人要维持肉体生命离不开健康的食物，精神的人要维持精神生命也离不开健康的精神食粮。食品安全人命关天，这是毋庸置疑的；而精神食粮匮乏，或精神食粮污染霉变，则危害性更大——要么导致行尸走肉般的徒有躯壳，要么饥不择食求神拜鬼，要么走火入魔失去人性理性，伤及整个民族和民族文化。

人的躯体需要房屋用来挡风遮雨，古人有“安得广厦千万间”之盼，今人有“房奴”之叹。人的灵魂更需要栖息的居所，灵魂无居所犹如猛兽昼夜游走，危害甚于猛兽，可悲甚于房奴。

文明演进的根本目标不仅要解决肉躯的温饱，更要让每个生命个体都能精神有食粮，灵魂有居所。

《两界书》着眼于世界与人类生存中的基本问题——人从何处来将往何处去，人在世界万物中的位置与使命，人与世界、人与自然、人与他人、人与自己的关系，以及“人是什么”、“人生的意义在哪里”、“生命的价值何在”等问题，将这些根本性问题置于不同思想的认知框架，呈现出理性的辨析，而非盲人摸象的偏执；契合个体的生命体验，充盈人文情怀，而非僵化的说教；以辨证的思维认知世界与个人、生死与得失，倡导坦然淡定的人生观念，而非饕餮般的贪得无厌和唯利是图；在浩瀚的历史长河中观照世界与人生，展示出文化的依归——既非狭隘教义的虚妄，更非迷信的愚顽蒙昧。

《两界书》提出“天道立心，人道安身”，力图为漂泊的心灵提供港湾，让精神有食粮，灵魂有居所。

《两界书》的特征

《两界书》在叙事理念、方法、内容等方面，呈现了以下一些特征：

跨界叙事——超越历史、神话、宗教、哲学、文学等传统学科与范式习规，创设叙事新例；

元典话语——设置文明演化、文化对话、世界与人生终极思考的综观框架，展现世界眼光；

人文情怀——体现以文化人、立心安身、构建精神家园的人文意识，弘扬人本思想；

中国精神——彰显天人合一、道法自然、四海一家的传统文化理念，突出中国文化根本。

《两界书》力图讲出传承，讲出沟通，讲出人文情怀，讲出中国精神，讲出文化自信，讲出人类命运共同体的精神文化纽带。

目　录

卷二　造人

卷三　生死

卷四　分族

卷五　立教

卷七　承续

卷八　盟约

卷九　工事

卷十　教化

卷十一　命数

卷十二　问道

前记　夜光云石会说话

公元2002年，夏秋之交。

西部不毛之地，古时曾为辐辏交通之所，今日人迹罕至，天荒地老之境。

人类学者士尔教授来此田野作业，逾时一月。

一日夜晚，士尔教授从所居半山窑洞爬上海拔三千米高坡，气喘吁吁。他打开手提电话，试图搜寻微弱信号，同远城联络。半晌未能成功。

他顺势躺下，背贴大地，仰望高天。苍穹从未如此之近。星辰无数，忽明忽暗。凉云从身边飘过。

他感到真正摆脱了尘世喧嚣，融入天地自然。所谓天人合一者，研思数十年不得要领，此时却得亲身体验。

一晃两个时辰过去。一个不可思议的情况出现了：士尔硕大身躯宛如鸿毛，失去引力，离地飘浮起来。升空，加力升空，直至高远之处。

那是他从未经验过的世界，肉眼所见尽为未见：山石似云，不显坚软；冰川似棉，不觉冷暖；繁星有语，却未知所云。

肉眼之外，他感觉心眼渐开。心眼所见尽为未见：天象机理，万维交织；人文经脉，万族流变；亘古英豪，熙攘攒动，似曾相识，却不得交语。

他手扶云杖，不由自主地飘荡起来。

天上一瞬，地下三旬。

士尔夜出未归，急煞所居百姓人家。村人四处找寻，不见踪影。有人在山坡之下发现士尔的手提电话，指示灯仍在闪烁。

多日之后，村民在东山高坡之处发现士尔教授躺卧，头枕七彩云石，身垫三张古旧羊皮。村人兴奋，焦急，惊奇。小心喂水呵护，两时辰后教授渐渐苏醒。

士尔失而复现之谜无人能解。失踪？夜游？梦幻？UFO所为？抑或其他不明之况？

七日之后，士尔收拾行装，将田野发掘及所遇七彩云石、古旧羊皮等什物装满六箱，返回S城。

士尔与人讲起他的奇幻经历，无人相信，甚或受到家人冷嘲热讽。他郁闷，愤懑，而后归于坦然。无此经历者何以信？难道那只是一场上古神话的梦游，从美索不达米亚、埃及、巴比伦，到中国、印度、希伯来、希腊？

教授日夜沉浸于工作室中。面对从世界各个角落采集到的文物文献，他再也难以沉静下来，去写连篇累牍的学术论文了。他感到，他曾执迷的那些论著，多是不着边际的无用皮毛。

他苦思冥想。浩瀚世界，本原何在？芸芸众生，意义何在？悠悠岁月，人从何处来，欲往何处去？他再也难以循着惯常的轨迹生活，夜夜难眠。

每当家人熟睡，他会轻声来到工作室，打开微弱灯光，仔细研磨他的宝贝——他穷尽六十年生涯所收集到的各类石器泥版、骨甲兽皮、文献碎片。置此境界，似与先人对话，时空界限漠然。然而，他始终无法将那些遥远破碎的元素连为一体。

窗外传来隐隐雷声。突然电闪雷鸣，风雨交加，天穹开裂，大地撼动。一道刺眼的闪电划过，天地瞬间漆黑，似回洪荒时代。待回过神来，他惊奇地发现，云雾缭绕之中有闪闪光亮泛出，一束一束，越来越亮。他定睛观望，竟是那块七彩云石在发光！

红、橙、黄、绿、蓝、靛、紫，明晰而烁亮。七彩交汇翻转，似天云浮动，如超凡之境再现。境中江河蜿蜒，有分有合；鳌龟信步，仙鹤曼舞；天象人文，亦真亦幻。教授全身颤栗，似重回先前那个无法理喻的奇妙世界。

云石通灵，有娓娓细语发出，清彻而幽远，仿如天籁妙音。天音回旋不绝，传之不闻，其意难辨，惟有士尔能够心听。

天音律动，物意无间，时空合融。夜光云石照耀下，满屋的石器、泥版、骨甲、兽皮、文献碎片霎时变成活物，或张目开口，或浮游移动。尤令他惊诧不已的是，那三张古旧羊皮竟跳显出一组组神奇的字符，字符混而有序，杂而有章，简朴而大意。面对苦思数十年不得其解的文献哲书、世态人象，士尔突得开悟，似寻到了解密之钥。密钥之码为“两界”。

白日俗务缠身，一地鸡毛，观蝇营狗苟戏闹。夜晚寅时起身，独自沉浸，徜徉于这个奇异的世界。天启为导、文献为据，生历为验、凡心问道，或辨析梳理，或检索列序，士尔一一据实辑录，秘奥难解之处亦不遗漏。经十年而不渝，他殚精竭虑，游走于现世彼岸之间，终成《两界书》十二卷。

那块夜光云石始终是个谜，既有科学无法测定它的属性。

它来自天外。

两界书

——凡人问道

引言　世有两界

世有两界：天界地界，时界空界；阳界阴界，明界暗界；物界意界，实界虚界；生界死界，灵界肉界；喜界悲界，善界恶界；神界凡界，本界异界……

两界叠叠，依稀对应；有界无界，化异辅成。

芸芸众生，魑魅魍魉；往来游走，昼夜未停。

卷一　创世

世界从何而来？世界的源头在哪里？

这是人类生存与演化的前提，也是人类第一个终极性的未解之问，故“创世”列《两界书》之首。

第一章　开天辟地

第一节　太初

太初太始，世界虚空，混沌一片。①

天帝生意念，云气弥漫，氤氲升腾。

天帝挥意杖，从混沌中划过。

天雷骤起，天光闪电，混沌立开。②

第二节　化育

天帝呼息，云气凝固，天尘飘散。天尘大小不一，不可尽数。悬浮飘移，动静有变。③

---

① 太初太始，意为最初之始。《易纬》："太初者，气之始也；太始者，形之始也。"《庄子·天地》："太初有无，无有无名。一之所起，有一而未形。"徐整《三五历记》："天地混如鸡子，盘古生其中。"印度神话亦有宇宙最初混沌如鸡子之述。

② 帝，甲骨文作[illegible]，形似由木架搭成的祭台。甲骨卜辞有"帝于岳"之说，在山岳上搭建祭台。上古之人，多认为苍茫天地之间，必有万物主宰，它自在永在，须以"帝"而敬拜，如战国之前"玉皇大帝"之说。道、儒有"天帝"说，天上之帝，居于太微玉清宫，司掌宇宙乾坤。《荀子·政论》："居如大神，动如天帝。"

宇宙如何起源是一个亘古未解之问，各族神话宗教多会塑造"自在永在"之神作为解说。此处以神话思维、文学手法，将世界的创造归为超自然之存在——"天帝挥意杖"所为。现代有大爆炸理论（Big Bang Cosmology），认为宇宙最初是在大约 137 亿年前由一个致密炽热的奇点爆炸后膨胀形成的。

③ 天尘：宇宙星辰。茫茫宇宙之中，万千星辰数不尽数，每个星辰仅是微小颗粒而已。

（图1　云气弥漫，天光闪电）

天帝随意杖点，天尘化育一片。得化育者，气脉生成，灵雾布散。其上灵道运行，万物充灵，不致死寂。万物有序，不致浮乱。[1]

混沌开，天道行。天帝意杖为引，杖痕有迹，元纪开启。[2]

---

① 气：甲骨文作三，云气上升浮动之状，古人多以“气”喻指物有生机的内在动力。此处以“气脉”喻指事物有血气、脉息而成为活物，以“灵道”喻指万物得到天帝化育，才有了秩序。

② 道：甲骨文作衜，指人行在路上。许慎《说文》：“道，所行道也。”亦引申为事理、规律、规则。《易·系辞》：“一阴一阳谓之道。”《易·说卦》：“是以立天之道，曰阴曰阳；立地之道，曰柔曰刚；立人之道，曰仁曰义。”《道德经》：“大道无形。”基督教有谓“上帝之道”（The Words of God），指上帝的言辞和道理；古希腊哲学家赫拉克利特有谓“逻各斯”（Logos），喻指万物变化的尺度和准则，常与“道”并论。此处以“天道”喻指至高无上的规则，以“天帝意杖为引，杖痕有迹”喻指世界创造、万物有灵的神奇。

第三节　天地

天帝说:“上要有天,下要有地,中间安置万物。”于是高高天穹造出,坚硬大地造出。[1]

天至高,长物可伸难抵天际。地至宽,阔物可置不达地边。

天高地阔,天虚地实。

高天有浮云,苍穹浩瀚,灵道无边。

大地有高低,山川交错,孕生万物。

第二章　时序流转

第一节　活化

天帝说:“死寂归于先前,活化才好。”于是死中生活,寂中生化。

天帝说:“要有光。”于是光芒破出,普照天地,一切就都光亮。

天帝又说:“要有暗。”于是光芒隐退,黑暗降临,一切复归

① 此处讲“空间”的起源。“空间”可谓是“现世界”的第一个维度,世界有了空间,才有了安置万物的场所。

黑暗。

天帝旋转光暗，于是光暗交替。先光后暗，而后为光，再后复暗。

第二节　昼夜

光是太阳，运生白昼。暗是太阴，运生黑夜。太阳太阴交替，白昼黑夜反复。周而复始，延绵不断。

光亮一次为一日，黑暗一次为一夜。天帝轮转，依序顺延。一至二，二至三，三至延数。延数至多，有数无终，有终无数。①

第三章　万物孕生

第一节　世界

天地既形，空维即立。昼夜交替，时维即成。

天地筑空维，昼夜织时维。空时两维，纵横交错，成世界所凭，万物所依。时空交转，世界成立。②

---

① 此处讲“时间”的起源。白昼、黑夜轮转交替，周而复始，便有了“时序”，时间的维度就被创造出来了。时间有无尽头呢？此处言曰：“有数无终，有终无数。”

② 此处讲“世界”的建立。天、地构筑了空间的维度，昼、夜构筑了时间的维度，时、空二维交织，世界才真正建立。这里的“世界”是一个以“时空二维”为基本维度的世界，它既成为世上万物的凭依（载体），也同时成为万事万物的限制。

第二节 万物

天帝吹播元卵，元卵布散大地，万物从中孕生。元卵至微，数不尽数，形不尽形，类不尽类，生不尽生。①

万物由类衍生，根须有分而连，枝蔓有连而分。

有浩水淼淼，湛湛不竭。有厚土墩墩，有边无际。有木林森森，枯而再生。有金石硕硕，固散自存。有火烁炎炎，熔化炽息。②

图2 活灵世界

① 时间、空间创造出来，其间的万物从何而来？此处喻说天地间的万物由天帝吹播的“元卵”孕育而来。元：万物本元。《易·彖》认为，“乾元”、“坤元”为万物之“资始”、“资生”。《春秋繁露·重政》：“故元者为万物之本。”卵：至小的微粒。元卵，万物最早的因子、种子，演化出万事万物。由此观之，究竟先有鸡还是先有蛋的千古之争，似可有个了断了。

② 此处讲构成万物的基本元素为水、土、木、金、火，言及其性、其状。

第三节　创造之工

天帝使无成有，使有各一，一成万有之元。故使有各一者，为造有之工。①

混沌分天地，由一为二，一分二维，二成万物成式。故由一为二者，为世界之工。②

二维相对，合分化生，使二成三，三生异变，三成万物化因。故使二成三者，为化异之工。③化异之工既成，万有各得其生，各显其貌，各呈其性，各适其所，各作其为，世界而为活灵化异世界。

故一为有，二为世界，三为化异，始成活灵世界。

---

① 万物的创造有其分工和阶段。无中生有，有类各一，被视为“造有之工”，完成了从无到有的创造，这是创造之工的第一步，被称为“造有之工”。《道德经》四十章：“天下万物生于有，有生于无。”

② 造出“有”之后，凡“有”皆有两个互补的方面才可以成为“有”，“有”本身即包含了“有”与“无”，无“无”则无“有”，无“有”则无“无”。天与地构成空间，昼与夜构成时间，万事万物无不由两维相对互辅而成，故称“二”为“万物成式”，即万物构成的基本方式。有了这种构成，才有了世界，这是创造之工的第二步，被称为“世界之工”。

③ 创造之工的第三步是“化异之工”，即使二成三，由二生三。天、地之间的空间非天亦非地，然无天、地，则无“非天非地”；昼、夜之间非昼非夜，然无昼、夜，则无“非昼非夜”。《道德经》四十二章有谓：“道生一，一生二，二生三，三生万物。”造有之工、世界之工、化异之工分别构成了创造世界的三个基本步骤，也是世界创造的三个机理。三部曲完成，万物丛生，世界也就成了斑驳陆离的世界。

第四章　世维无限

第一节　万维

天地空维，构世界之广大。昼夜时维，构世界之深远。

天地为骨肉，昼夜为气血。骨肉气血相依相存，世界而有生息，成大千生息世界。

然天帝之灵，世界之妙，乃立于时空，超于两维。时空两维之上，天帝灵道运行，实生万维。①

第二节　本维

时空两维为基，成万物凭依。灵道万维为本，成世界纲目。意念情悟，思觉幻空，可感而不知，可受而不识，乃世界本维。②

---

① 时间、空间为构成现实世界的两个基本维度，时光的流逝、物间的距离，可见、可知、可感。然世界的奇妙之处在于，在时间、空间这两个维度之上，还有看不见、摸不着而又真切存在的“维度”牵引、支配着这个世界，且有数不清的“万维”之多。为什么呢？此处归为在时、空两维之上，有“天帝灵道运行”。

② 此处揭示世界“维度”的复杂构成。佛教有“大千”之说，此处有“万维”之说。如果说时间、空间被视为世界的基本维度——万物存在的凭依（硬件），而灵道万维才是构成世界的纲目（软件），是世界的本质。意（心意）、念（念思）、情（情欲）、悟（悟觉）、思（思虑）、觉（觉醒）、幻（幻觉）、空（空虚）等等，都是万维的构成和表征，也是人感受万维的路径方式。这些虽然难以识透，但被视为世界的本质，世界的复杂性也正源于此。佛教有以“五蕴”之论来解说人的身心的构成，即色、受、想、行、识，而人的身心构成只不过是整个世界（物质和意识）的一种表征和全息。

本维有道无痕，存于有无之间。无中生有，有后复无。世维有数无限，乃数数之变，数定本元。①

故一生无限，万维归一。少生多，多复少。多多少，少少多。多少少多，少多多少，复归元一。②

---

① 构成世界的维度究竟有多少呢？前述为“万维”，喻指非常多，以人类现时的认知水平是难以真正认识、理解的。世界的“本维”仿佛看不见的纲网，存在于似有似无、似多似少之间，难以捕捉，但统摄万物的运行。“世维”的奥秘在于可数而又不可数，在于数的组合变化，它决定了世界的本质。

此处延伸了前述“无生有、一生二、二生三、三生万物”的逻辑推演和对世界本元的认知。“数”在中国古代被视为具有自然之理的性质，《荀子·富国》：“万物同宇而异体，无宜（义）而有用为人，数也。”古希腊哲学家毕达哥拉斯认为，数是万物的本原，万物皆为数的摹本，数是统治宇宙的基本原则。可以说，数的量变和序变决定了事物的结构，从而决定了事物的属性和本质。

② 此处言及基于数的世界的终极本质，既是一，又是无限；既是无限，又复归为一，其数在多与少、少与多之间无穷、反复的变化。

唐末高僧延寿所集佛学典籍《古镜录》卷四十六有云：“单四句者：（一）有，（二）无，（三）亦有亦无，（四）非有非无。复四句者：（一）有有、有无；（二）无有、无无；（三）亦有、亦无有，非有、非无无。”这里是在讨论无与有及其相互关系的终极性命题，可资参阅。

卷二　造人

人类如何起源？人类从何而来？这是从古代先人到现代科学始终追问探索的又一个终极之问，迄今并未得到统一的认识，有所谓神话说、生命说、进化说、次元说、能量说、基因说、细胞说、外星说、海陆双祖复合说，甚至外星人与古代森林猿结合说，等等。

此卷言及“造人”，与古代各类神话所述造人多有不同。其一，不拘于“造人”的具体方式，而是在“创世”的背景下强调：为什么造人？人在世界万物之中与一般受造物相比有哪些不同？人在世界中的使命是什么？其二，人为何分为男、女？如何分为男、女？男、女是何种关系？其三，将人分为“初人”、“中人”、“终人”三个阶段，此处言及前两个阶段，“终人”未多言及，留下未定性的空间。

第一章　万物从类

第一节　分类

天地运转，日月为朋，星辰相伴。地上杂草丛生，树木茂盛，开花结果，枯而再生。

元卵化变，虫鸟走兽尽出，大小不一，形貌万千，习性各异。

有生性喜食草木，有生性喜食鱼虫。喜食草木者有牛、羊、马、驼、鹿之类。厌食草木者有狮、狼、豹、虎、狗之类。

天帝使万物各从其类，各作其为。一切皆为好，天帝欣然。

第二节　弱食

黑暗降临，大地沉静。牲畜走兽或安睡，或趁夜走出。喜食草木者性温顺，早早安睡。厌食草木者性凶猛，黑夜不眠。狼、豹、狮、虎趁夜深四处寻觅，见弱小柔顺者即吞食吃咬。黑夜里残畜遍野，哀号嘶鸣，惨叫不绝。

白昼来临，可见草木花朵皆被践踏，狼藉一片。失子母牛、母羊不断哀鸣。有伤而未死者，或缺前腿，或缺后腿，或前腿后腿尽失，卧地苟延残喘。

第二章　造治理者

第一节　初人

天帝决意造治理者，以便治理世界。

天帝于是造出初人。

老虎、狮子、豹子之类凶猛野兽，皆为一头、一口、两目、两耳、两前腿、两后腿，止有一心。天帝初造之人皆为两头、两口、四目、四耳，四前腿、四后腿，尤有两心，均倍于诸兽。如此一来，人就可以降服猛兽。①

（图3　初人图）

① 此处以头、口、目、耳、前腿、后腿、心的“数”的倍增，表明人对一般兽畜的超越。

第二节　天选

天帝所造之人，以四目观物，可知远近，可明大小。以四耳闻声，可穿黑暗，可越墙磊。以两心行意，可往来世时，逾物越界。[①]

天帝于万物中以人为选，赋人超凡心力，以治理世界。

第三章　对人复造

第一节　中人

初人造出，然不领天意。虽多头、多口、多目、多耳、多前腿、多后腿、多心，然与牛马虎豹诸兽畜相伴，行无大异，心无大别。尤各饱腹囊为甚，懒惰纵欲复加。[②]

天帝不悦，欲增其情痛，醒其心智，遂复造人，即造复人。

天帝将初人从中分开，由一为二，一半为男，一半为女。平日男女分处，惟男女复合方成完人。故男女须分处，独自爬行，独自饮食，独有心念。

---

① 在人受造的各种器官及功用中，这里强调了三处："目"、"耳"、"心"。"目"用以观物，知远近、大小，识空间距离，观昼夜之变，感时间变化；"耳"用以闻声，可穿越墙磊、黑暗，超越空间；"心"用以行意，通过"意"（意识、思维），可以超越空间、时间，超越物实世界。

② 此处言及人在目、耳、心等方面仅有"数"的增加，并未能真正区分于兽畜，甚至在懒惰、纵欲方面较兽畜有过之无不及。

（图 4　中人图）

男女分处之人，实为天地中人，非天帝终人。[①]

第二节　男女

男人凸长阳根，力气大。女人凹长阴穴，力气小。初人被分，无论男女，胸前均留有疤痕。女人以胸疤奶婴，日渐长大，遂成乳房。男人胸疤空置无用，日渐缩小，止留痕迹。

男人女人分处，实为整人裂分，故日夜痛苦。天帝使人心有

① 在《两界书》中，人类概分“初人”、“中人”、“终人”三个阶段。“初人”有两头、两心、四腿、四手，不分男女，因初人在心性方面与兽畜无异，故须再造。对“初人”一分为二,一半为男、一半为女，即将人再造为“中人”（“复人”形式）。“终人”是人类下一个演进阶段，具有未定性，这种神话预言式的认知，留下人类发展的未解命题。

苦楚情爱，人心异于兽畜之心。[①]

男人女人日夜不安，渴慕复合。白日男人双目找寻女人，女人双目找寻男人。夜晚男人女人同居一起才好，因男人女人总想凸凹相嵌，合体如初。

男人女人互为骨肉，互补气血。气通血合者，互视如已，可一见倾心，如胶似漆。气血不合者，会排斥争斗，纵体合而心难合。然气通血合者，亦为分而复合，故难至一体如初。况人分异地，散离各方，能气通血合者，盖数珍少。[②]

---

① “初人”无分男女，性情与兽畜无异，将“初人”分为男、女两部分，使其独处，各有“心念”，各怀苦楚情爱，这样就可以清醒人的心智。这里把“心有苦楚情爱”视为人与兽畜区别的首个特征，这是“造人之工”的第一步。
物种有“单性”、“双性”之分。一体兼具雌、雄两性者被视为“双性体”，例如某些原生动物如珊瑚虫、水蛭、海兔、海星、蜗牛等被视为“双性体”，某些植物的花如桃花、樱花、蔷薇、百合等被称为两性花。此处以神话的认知，界说从“初人”（男、女不分，双性物）到“中人”（男、女两分，单性物）的演进，并将这一演进视作是天帝使人区别于兽畜和赋予人类特殊使命的“造人之工”。置于这一话语界说男、女两性，在古代各神话中甚为罕见。

② 此处言及两性关系：其一，相互找寻，总想合体如初，两性结合有其本能要求；其二，因是分而复合，故难至“一体如初”，根源在于体合易、心合难，心合难的原因在于气血不通。这是对两性关系既朴素又本质性的认知。两性关系是一个恒定性的人类命题，德国哲学家尼采曾提出“两性战争”的论述。进入文明社会，人类以婚姻的形式作为稳定器来平衡两性关系，现代以来婚姻的稳定器作用受到很大冲击。
“气通血合者，互视如已”：民间有“夫妻相”之说，讲男女婚配之人相貌有似同之处，或男女成婚后，长相会越来越接近。

第三节　繁衍

男人女人同居，两体相吸，凸凹相合。合为瞬合，合后两分。分后男留女精，可得增寿。女留男精，可孕新生。新婴出女穴，如瓜熟蒂落。女称为母，男称为父。

所生婴儿模制父母，体如父者，带阳根，称为子。体如母者，有阴穴，称为女。

婴儿长成，体如母者多貌如父，体如父者多貌如母。母体父貌，父体母貌，实为初人表征。

偶有所生之人，兼具阳根阴穴，男女同体，实为初人复现。若所生之婴初人复现者三居其二，则诏启男女分处中人将灭。[①]

第四节　人兽有别

人与兽畜心力有异，动行有别。

天帝使人直立而行，用后腿走路，以前腿持物，可高瞻远瞩。人可边行走，边持物驱赶牲畜，击杀猛兽。有兽畜仿人直立，天帝不予。故兽畜不可直立，不可前腿持物，不可高瞻远瞩。后兽畜多以口持物，人多以手持物。

人指灵巧，可制器造物，大至移山填海，微至肉目不见。兽畜笨拙，止能足蹬爪扒。

---

① 双性合体之人在人类繁衍中时有出现，此处视之为“初人”复现，并预言如果新生婴儿中双性人三居其二，人类的“中人”时代将会结束。

第五节 东角采田

其时人身皆毛，与兽畜一样。天帝将人安顿于东方之园，名曰东角采田。东角采田左卧万丈蛟龙，右伏龟山瑞虎，依山面水，天浮祥云。园内长满果树，果树结满鲜果，好看好吃。

（图5 东角采田）

园内男女终日沉溺抱搂，渴慕合体。男女相见非抱即搂，并无固定侣伴。有不加辨识者，亦会男男相抱，女女相搂，甚或多人互搂互抱，男女无分。

一日天帝临园，目见眼前景象。甚见有人与猴、狗、牲畜围抱一团。

男人女人饥饿，皆随手捡摘树果。树果食完即食树叶，懒走远处觅食。

天帝观之不悦，男人女人秉性难改，总同兽畜一样。

第四章　天水涮洗

第一节　天水大谷

天帝开天门，引泄高天之水。天水奔流浩荡，依坡而聚，汇成天水大谷。

天帝派使者召集人群，列排天水谷旁，等候涮洗。惟经天水涮洗者，方可开启蒙昧，通窍悲喜。[①]

天使抓攫人顶毛发，将人置于天水谷中，依次轮涮。

男人女人惧怕，不明使者用意，只晓是为天罚。众人或挣扎

（图 6　天水涮洗）

① 天门泄洪的传说在上古民族中多有出现，如苏美尔（Sumer）大洪水神话，以及受此影响的希伯来洪水神话。此处用“天水涮洗”延续了前述关于男、女分处的叙事，成为天帝“造人之工”的第二步，其作用在于使人有悲喜感（通窍悲喜）、羞耻感。

嚎叫，或跳跃逃逸。[①]

涮洗之时，男人女人颤抖，无不紧缩臂腿。人经涮洗，毛发减褪，尽显光滑肌肤。惟两腋两腿之间毛发残留，使者所抓头顶毛发残留。

凡经涮洗之人，皆被置于水谷另旁。男女毛发裸褪，身爽气通，无不心悦，皆可开口欢笑。

天帝观之，见人与牛、马、狗、羊、狮、虎、猴、猿诸兽畜已不一样，欣然作罢。

第二节　通窍悲喜

人经天水涮洗，肤貌体征与兽畜有别，心智习性与兽畜有异。人可通窍悲喜，悲时会哭，喜时会笑。悲极亦笑，喜极亦哭。

人须别于兽畜，是为天帝定例。[②]

后天水谷亦称笑了谷，因人经天水涮洗始会笑。兽畜未经天水涮洗不得笑，偶能哭，多以摇尾示悦。

夜晚阵风冷吹，岸旁男女瑟瑟发抖，拥挤一团。有以草木树叶，有以兽皮兽毛包裹在身，御寒取暖。

日头高出，男人女人四处寻树摘果。食不尽者，储藏备用。

男人女人始知劳作，自食其力，不再懒惰。

---

① 天罚，上天的惩罚。天罚的思想在上古文化中多有出现，往往被视作是对人类罪恶的惩罚，有的同人类的“原罪”（original sin）观念相联系。

② 此处以“天帝定例”的方式明喻，人在世界上必须区别于兽畜。

第五章　春发知羞

天渐暖热，花草生长，树木茂盛。

男人女人褪去周身裹物，见赤身光裸难看，私处多毛，同兽畜一样。男人女人相见，彼此好奇，又感耻羞。男女孩童周身无毛，不觉异样。

白天男人女人或以兽皮裹身，或以树叶遮耻。夜晚男人女人褪掉身上包裹，身感愉悦，不再羞耻。

第六章　天帝授命

第一节　以人为选

天帝看着男人女人已与兽畜不同，日出而作日落而息，心中甚悦。看着男人女人眼睛明亮，心怀耻羞，白天不再赤裸，心中甚悦。

大千世界，万物众生，天帝以人为选，不断培植，增人灵性。

天帝播灵雾，灵雾启于采田，弥散周地，时化天雨。众人沐浴其中，褪去身上遮挡，狂喜雀跃，欢跳不止。[①]

---

① 如果说男、女分处是“造人之工”的第一步（使人心有苦楚情爱），天水涮洗是“造人之工”的第二步（使人通窍悲喜，有羞耻感），那么此处所言天帝播灵雾则是“造人之工”的第三步，它为人设置了可以成为人的条件和环境，是对人的灵性的不断培植。至此，天帝“造人之工”的三部曲完成。

（图 7 天帝播灵雾）

天帝造人之工既成，就将世界交人治理。然天下男女并不尽悉天意，惟天帝明悉。

第二节 天帝在上

天帝不尽言尽为，使人发挥治理。天帝藉人传道，好使天帝灵道活盈世界。

天尘化育万千，各按天帝灵道运行，各有人朋演化治理。[①]

天帝超然在上，专注默视，并不袖手旁观。

① 茫茫宇宙，浩瀚无垠，人类所生活的星球只不过是其中微不足道的“天尘”之一。此处明言，按天帝灵道运行、得化育的“天尘”很多，参阅创一章二节；各有充溢灵性的类人之物（“朋人”）在演化治理，参阅命十二章二节。由此似可推断，宇宙之中类人的“智物”、“灵物”并不罕见。

卷三　生死

人为何会有生死？这是继“世界如何起源”、“人类如何起源”两个问题之后的又一终极之问，也是人类最为关切、最具现时性的问题，历史上的各种神话、宗教、哲学、科学等等，都试图从不同的角度作出解说。

第一章　偏离正途

第一节　天帝歇息

人按天帝灵道指引，繁衍生息，起居有序。天帝使日月轮悬，与人作伴。日出唤人劳作，月出召人停歇。

天帝看着为好，即隐去歇息，使人以身载道。

人身道欲相叠，却未得交融。不及持久，即道欲分离。道消隐，顽疾出。①

第二节　道欲分离

众人滥行心力，心中无主，自以为大。双目虽开，然不视头上有天，脚下有地。心智虽聪，然不识天高无及，地厚几深。

众人开口不闭，婪得无厌，能食者尽食。始由口婪，进而心贪。得一者进二，得二者进三，能得尽得，欲壑不填。

众人懒于劳作，溺于淫欲，男女交合没了没完。男女十岁即始交合，有同兄弟姐妹交合，有同父母交合，有同祖父祖母交合。

① 按《两界书·造人》之说，天帝造人之工用了三个步骤才完成，其良苦用心在于使人能够“以身载道”、治理世界。但此处表明，人类并非天使，天帝赋人灵道，然灵道与肉欲在人身之上是分离的，人的顽疾很快就表现出来了。这里以人性的本原为逻辑起点，与“性本善”、“性本恶”的论说不同，并不纠缠于对人性的正或反的两极判断，而是在“天帝灵道”的话语体系中，强调人身的“道”、“欲”并存状况。

女人一次可生六子，多者有生八子。[①]

孩童生满遍地，多如蚁虫草蛾。幼童多畸变，眼鼻歪斜不整，臂腿长短不齐。

人皆往园里挤占，园里有果树，伸手可摘现果。无人远走觅食寻物，无人攀岭找寻新果。

园内果物愈来愈少，男人女人愈来愈多，鳏寡幼童随处可见。

大力欺小力，小力者惧怕逃避，拼力争夺。争夺不过即遭击杀，或毙命横尸，或苟延喘息，缺臂少腿者倒卧遍地。

（图 8　幼童多畸变）

① 此处言及人类天生有“三顽疾”：一是“心中无主，自以为大”，即人心无灵道、无信仰；二是“开口不闭，婪得无厌”，即口婪心贪，欲壑不填，常言道人为财死、鸟为食亡；三是“懒于劳作，溺于淫欲”，即懒惰堕落，似兽畜行淫，伦序不分，不能节制。

众人多熟视，漠然如无睹。

冬日临近，树果益少。饥饿蔓延，众人懒惰依旧，纵欲依然。饥饿至极，强悍之人即以弱人为食，如食幼畜一般。

（图 9 强人以弱为食）

第三节 灵道不泯

灵道隐弱，固而不泯。

灵道行，良人出。有觉灵悟道者，除惰不贪，躬身自省，依道而行。[①]

良人动手栽培，以树果为餐。良人知节制，并不纵欲贪

---

① 人类早期荒蛮时期，文明未及进化，灵道虽时弱时隐，但根基牢固，不会泯灭。故此处说“灵道行，良人出”。何谓良人？能觉灵悟道、除惰不贪、躬行自醒者为良人。

婪。然顽恶之人极恶，并不放过良人。良人寡不敌众，多被击杀。亦有残剩良人，不得固守而离灵叛道，行事如恶人一般。

天帝派使者巡察，见人偏离正途，悖逆灵道。使者禀报天帝，下人未依灵道行事，世界未依天道治理。

第二章　天门泄洪

第一节　天帝了悟

天帝了悟一切。

天帝打开天门，天上洪水倾泄，覆满全地。一连七天七夜，全地皆遭天洪涤荡，无有例外。[①]

世人多被淹毙，惟心存灵道者可得托升，漂至高山之顶。

---

① 为何是“七天七夜”？古代各族对数字多有赋意，巴比伦文化曾视“七”为不吉之数，故规定逢“七”之日须停工歇息；希伯来人视“七”为圣日，上帝用六日时间创世造人，第七日须“安息”纪念，称为安息日（Sabbath）。实际上，“七”在上古文化中的根本意义，或因人类对空间世界的终极认知：东、西、南、北、上、下代表了空间共有的六面，六面相合汇于“中”，“七”已将空间穷尽。故“七”是个有终极意义的数字，“七天七夜”表示时间之长。“洪水”的意象可参阅造四章一节。

（图 10　天门泄洪）

第二节　良人存留

天帝点数清算存活之人，计六男八女。七女怀身孕，一女年少，止有七岁。

存活之人身经天洪涤荡，灵经天道检验，皆为良人。惟有孕七女来日所生孩童，良善恶凶皆有异变，不得预知。[①]

①《两界书·造人》中，用三个步骤完成“造人之工”，但所造之人只是具备了人的概念属性，尚未具备人的实践功能（包括生命的长短等），此处开启对人的“再造之工”。再造之工的第一步是用天洪对人进行“检验”。“天洪”延续了之前“天水涮洗”的事典，表明造人是一不间断的行进过程。“检验”（test）的思想在古代文化中多有呈现，如检验人是否忠诚、虔诚。经检验存活者虽为良人，但此处亦言明：七女来日所生孩童是良是恶还有异变，再次强调了人的未定性，强调人性演变的多样化取向。

第三章　天定命数

第一节　定命数

天帝发现，所造之人常以悖逆为习，多以纵欲为性，尤以自大、贪婪、懒惰为顽疾。善始者常不善终，善终者常不善始。

天帝决意为人定命数，使人有生而不得永生，有死不至即死。人以繁衍而嗣后，致生有所延，代有所续，道有所传。故此以后，人皆有命，命皆有数，命数不一，各自修为。[①]

存活六良男，天帝设八百二十四岁为限。存活八良女，天帝设九百六十岁为限。故现界中人，人皆有生，生皆有死，生死有序，命有定数。

天帝亦为良妇未生后代定命数，命数之限二百年，常人无以达致。凡常之人命数之限一百六十岁，而因劳苦争斗，实以三十岁至八十岁为多。

第二节　设命格

天帝为人设命格，使人各有其命，命有法式，各人不致尽同。

---

① 此处是对人“再造之工”的第二步，也是最具体、最关键的一步，即天帝对人的各种“设定”。第一个设定是“定命数”，设定人的生命之数，人人有生但又不得永生，人人有死但不会即死。这里有积极劝世意义的是，命数虽有设定，但有“各自修为”的空间。

故此一人一命数，一人一性情，一人一命格。[1]

命格内蕴气血，外显面征，暗藏指纹，天下众生纵万千无数，不致雷同。惟得灵道天启者，可综观内气外征，识命格符图，解命格纹码，助人顺命格，延命数。远有《命格秘笈》，不为凡人所识。

第三节 设能限

天帝为人设能限，所造之人，以目观物，可知远近，可明大小，然不可尽观尽知尽明。以耳闻声，可穿黑暗，可越墙磊，然不可尽闻尽穿尽越。以心游意，可往来时世，可逾空界，然不可尽游意尽往来尽逾界。[2]

现界中人，有能而无致，有生而无恒。初人之后为中人，中人之后为终人。

第四节 定生途

天帝为人定生途，以灵道为引，肉躯为载。灵肉相合相通，

① 天帝对人的第二个设定是“定命格”。命格：生命的格式、法式，也就是人的活法。一人一命格，一人一活法。此处言及“一人一性情，一人一命格”，人各有性格性情，性格性情不同，命格亦不同。后人有谓“性格决定命运”。

② 天帝对人的第三个设定是“定能限”。人有万能，超过同处的各类兽畜，但有能的限度，其目、耳、心等等均有所限，均“有能而无致”，既有能也有所不能。故人难言“人定胜天”。

方可强命力，延命数，顺命格，享生乐。[①]

一人乐而从乐，从乐而众乐。生弥珍贵，生当乐生。死为归途，万众所同。[②]

六良男八良女得天启悟灵道，眼明心亮，周身释然。有天籁声起，鹏鹰相伴，众良人手舞足蹈，为生而乐，向死而舞，三日三夜未有停息。

第四章　天光隐藏

第一节　击杀残留

天帝放心不下，再遣使者巡察。大地经天洪涤荡，污浊驱散，天清气爽。惟八千里外，残留少许奄息之人，未经天帝点数清算。

使者依天帝之意，以硫磺与火击杀未经清算之人。连同各类

---

① 命数、命格、能限设定之后，天帝对人的第四个设定是“定生途”。人如何才能更好地适应和顺应个人的命数、命格、能限呢？这里明确定出了路径（生途），即以灵道为指引、肉躯为负载，灵道与肉躯相通相合，就会延伸命数、顺应命格，可享生的快乐。至此，针对人的“三顽疾”，天帝作了“四设定”，即定命数、定命格、定能限、定生途，对人类实施了“再造之工”，使人走出“概念”而成为生活的人。

② 在对人作了多重设定，尤其是设定命数而不得永生之后，这里强调了“乐生”的思想，表达了两层喻意：一是个人乐还须同处之人乐，同处之人乐则众人共乐；二是死为生的归途，万众皆同。天下众人都一样，还有什么理由不乐生呢？

存活兽畜草木虫鸟，皆被击杀烧焦。经此之后，远地多呈烧焦之状，砂石遍地，草木不生。偶有小虫小兽爬行出没，为死里逃生残存幸物。①

第二节 隐藏天光

天帝使者并未发全力，隐藏天光。

天洪有形，无阻而可疏。硫火虚形而有迹，无疏而有限。天光无形无迹无限，故为变世更界之光。天光源自天外，藏于地中，瞬息可现，霎时可没。②

天光可直可曲，旋而有混。天光有明有暗，明光肉眼可见，立见立瞎，人肉焦烂。暗光肉眼难视，可穿身透骨，使肉躯萎靡，生者尽杀。

---

① 此处讲述继“天洪涤荡”之后，天帝再以硫磺与火击杀未经清点之人。

② 继对人“再造之工”的第一步“天洪涤荡”、第二步“四设定”之后，这里预言可能对人实施“再造之工”的第三步，即以“天光”再造，与第一步的“天洪”相呼应。“天光”不同于一般的光，可直可曲，旋而有混，有明有暗，且为“变世更界”之光。此处既为预言，也有警世意义。

卷四　分族

人为什么会不一样？为什么会有不同的族群，不同的肤色、相貌、习俗、语言？这是继人类的“生死”问题之后，又一个本原性的问题，也是人类文明演进史上的一个首要问题。

第一章　人分七族

第一节　七族之宗

存活者六男八女，经天水涮洗，躯体康健，气血通畅，心智开启。

天帝有意决，多人簇拥一处不好，可各自立族，分处生息，繁衍壮大。

六男八女遂分七族。七女怀有天孕，雅、函、希、布、耶、微六女各配一男，计成六对男女。撒与七岁女童那娃相伴。是为最早七族，雅、函、希、布、耶、微、撒为七族之宗。[①]

第二节　天帝告谕

天帝说：

你们心智既开，自今以后，皆要自立自足，繁衍后代。

① 人类各族究竟是来自同一族源，还是来自不同族源？不同民族的神话、宗教多有探究，近代的人类学、民族学、考古学、遗传学等从不同角度试图加以破解，但始终未能形成一致的结论。有一神教（如犹太教、基督教）从宗教的角度认为人类来自同一“天父”，这是典型的单种论（monophletic）思想，倒也与“人类非洲起源说”等单源学说存有某些偶合。此节并未纠缠于“单种”、“多种”之分，重点在于说明早期人类的分族状况：既为兄弟姐妹，又各自分族。

皆要依天道行事，灵引万物，治理世界。

你们身处异地，不再同族共生。各族靠山食山，依水食水。食山者须养山，食水者须养水。不可尽食贪食，方能长食足食。山水总相依，有者可互通。

雅、函、希、布、耶、微、撒听而不闻，并不领悟天帝旨意。其时雅、函、希、布、耶、微、撒皆为姐妹兄弟，相貌无差，肤色无异。[①]

第二章 天风骤起

第一节 天风起

一日夜深，六男八女均已熟睡。天帝见事已齐备，众人皆可分处自立，皆可自生天地之中，往来昼夜之间。天帝使天云渐起，吹刮大天风。天风骤起，浮云漫卷，万物飘散。

天风缘自天上，发于地下，起于四周，成东西南北上下六方合风。雅、函、希、布、耶、微、撒七族之宗，随风而起，扶摇直上九霄高空。众人悬于天地半空，旋转浮游十日，终远飘万里

① 此处论及人类自身对分族的状况和原因（“天帝旨意”）并无自觉和认识，故分族的问题一直是人类未能善处的一个问题。

（图 11 天风骤起）

之外，散落四面八方。[①]

七族飘散各地，万物也随风吹落。粮谷稻米、草木蔬果、鱼虫走兽，天种所至，肇启万物生长。随风吹落者无所不有，惟幸者可存活，多数不能生长。存活者不足元物十之一二，半空夭折者十之二三。[②]

① “天风”不同于一般自然界的风。自然界的风可分东、西、南、北风或东南、西北风之说，此处讲“天风”源自天上，发自地下，起于四周，成东、西、南、北、上、下之“合风”。东、西、南、北、上、下穷尽空间六面，“合风”除了言说“天风”之非凡，且暗示此风会将“众人及万物”吹落至四面八方。以“天风吹落”解喻世界各族何以居于各自居地这个难解的命题，此段叙事采用了神话思维、文学想象、夸张修辞、神秘隐喻等。

② “天种”、“元物”指世界初有原有的物种。世上究竟有多少物种？无人确知。此处认为，存活者只是原物种的一小部分而已。古人在认知世界时常常呈现出“不可知论”和神秘主义的思想。实际上“不可知论”也是一种特定的认识论。

第二节　祖地生

各族飘散，同族不再，宗地皆失。

同族宗地失，分族祖地生。各族飘落之地，即为各族祖地，为族人世代所居。七族祖地或高山峻岭、岩石沙漠，或河海湖泊、平地草原，或烈日暴晒、常年无雨，或终日冰雪、日头少见。[①]

族宗睡梦中飘散，懵懂中醒来。始时对周地甚感陌生，经时开垦耕种，捕鱼狩猎，渐习以为常，遂世代延居。

第三章　各居其所

第一节　雅地寒冷

雅至大山之北，此地远离太阳，雪多天冷，粮果稀少，多以牲畜鱼虾为食。雅因受天孕，居下不久，即产多子多女。雅族之后肤白发黄，成人后毛发甚多，易于御寒。雅人体格健硕，身强力大，擅猎牲畜猛兽，亦擅捕捞海中鱼虾。

---

① 此处提出“宗地”与“祖地”两个概念。“宗地”指同族共生之地，人类共同起源之地；“祖地”指天风吹落之后各族最初居住之地。

第二节　函地温湿

函族去到大山之东，此处黄土平地，山川交错，树林茅地遍布。江河之水多泛泥土，并不清澈，牲畜鱼虫常饮而习适。函生子女后代甚多，然不如雅人子女健硕。函族后人惯饮大河之水，习食怪味根姜，肌肤褐黄。函人之地温湿，不比雅人之地寒冷，故体毛稀疏，肤光皮洁。函人身躯矮小，擅攀崖上树，蹿跳灵巧。

第三节　希地乏水

希族去到大山之南，此处临近太阳，终日阳光暴晒，缺雨乏水。希族之后肤貌黝黑，喜居树林之中，可避阳光暴晒。希族之人擅追羚逐羊，跑步如飞，快似雄鹿。

第四节　布地多草

布族去到远处茅草之地。此处遍地皆草，高矮不一，蒿草遮过人头，爬草伏土盖地。

第五节　各得其所

耶族、微族、撒族各得其所，相邻而居，繁衍生息。

第四章 雅分七支

雅族兄弟有七，为雅腊、雅义、雅德、雅吉、雅法、雅班、雅罗。七兄弟居山临海，人高马大，尤擅捕鱼狩猎。

雅腊为长，多有主意，善生思想。雅义擅武，尤擅炼铜制器，长矛刀枪叉斧无所不能。雅义后人承传先祖之业，制器之艺更胜一筹，兄弟邻里皆以其器为好。

雅班、雅吉擅伐木造船。雅班、雅吉所居之地树木参天，巨树十人合围，中树细树随处可见。树种繁多，松树、橡树、黄杨、白杨、棕树、枫树、香柏树、檀香树、罗藤树、松脂树、皂角树、葡萄树、野枣树，高矮粗细，一应俱全。

雅班一家男女老幼皆可上阵，或伐木，或砍枝，或雕琢。雅班家擅琢木成船，可将巨木雕空，制成独木大船。独木之船身长体窄，坚固快捷，多用捕捞。雕船制舟之技以雅班家长子雅达为佳，余兄弟皆辅之助之。

（图 12　琢木成船）

雅吉家擅结木制船，数木镶嵌扣结，连成一体，即成合木巨舟。合木之舟可大可小，款式繁多。巨舟身宽体大，多用载物，亦可兼做捕捞。初时合木舟不甚坚牢，每遇大风大浪易于松散。雅吉家人揣摩钻研，遂用铁钉铆扣，辅用沥青榄油涂抹，船即牢固。合木之舟愈造愈大，至大者浮于海上，高似山丘，十里之外可见。

雅法之家擅织网。长子雅查，长女雅安，偕众兄弟姐妹，采麻编绳，织罗结网，人赛蜘蛛，工赛蛛网。

雅德、雅罗擅狩猎。雅德、雅罗身高体壮，高其兄弟雅腊、雅义、雅班、雅吉、雅法一头之上。雅德、雅罗壮如大熊，骁勇善战，追捕野马、烈豹、黑熊、白熊，皆易如反掌。

雅族七兄弟各有所长，互通有无，互换工艺。天长日久，捕狩之技日精，网船之工日臻，子孙繁衍日多，戚邻日增，以致多识面少识名。

第五章　函人善耕

函族多居平原丘陵，地势平缓，勤于耕作。小麦、荞麦、黑麦、谷、豆、稻米、苹果、石榴、无花果、山枣、风茄、茴香、藤瓜、黄瓜、蓖麻、芦荟、薄荷，应有尽有，无所不包。

田地耕作平整如毯，水渠河沟纵横交错。水渠有明渠、暗渠之分，暗渠可将远处高山雪水从地下引来，不易流失蒸发。明渠将江河之水疏导分合，化而利用。或排洪泻涝，或引水浇灌，依时依势依需而用。

函人亦擅养家畜，牛、羊、马、猪、狗、猫，鸡、鸭、鹅、山鸡、猫鹰皆有所养。

第六章　布人善牧

布族居于草原，擅牧羊牧马，喜四处游走，居茅草帐篷。布族长子为布里，次子为布达。

一日，布里、布达携绵羊数百，外出游牧。天黑之时突降大雨，电闪雷鸣，骤雨倾盆而下。幼羊多为大水冲失，成羊死伤一片。布里、布达既惊又怕，驱羊躲入洞穴。骤雨狂泻五天五夜，羊群饿毙大半。

及至第六日，淫雨停息，天终放晴。布里、布达携引剩羊，出洞觅食。

路边有树果，兄弟二人饥渴交加，摘果而食。一顿狼吞饱食，布里、布达倒卧草丛，不时进入梦乡。

群羊四处食草，幼羊奔跑跳跃。庄稼禾苗一望无际，有豆苗、麦苗、粟苗、初桑、瓜苗，羊群恣意啃食。

第七章　异族纷争

第一节　函、布拼杀

函族兄弟出门，见饿羊成群，不禁惊慌。见庄稼禾苗被毁，顿生愤懑。随即唤来人马，人人手执刀叉，大肆驱杀。羊群死伤一片，余者四处逃窜。

群羊嘶鸣惨叫，惊醒梦中布里、布达。兄弟二人见状，随即上前与函人争吵扭打。布里、布达心急力大，打死函人几多。然函人人多势众，乱棒打死布里，打折布达腿脚。布达连滚带爬，唤携残羊，仓皇落逃。

第二节　祸不单行

布达祸不单行，归途之中又遇雅人兄弟。

雅德、雅罗外出狩猎空手而归，见布达羊群即顺手逮杀。布达苦苦哀求，雅人不为所动。布达愤极生大力，竟推翻三丈巨石，滚落雅人中间。雅人躲避不及，两人毙命，三人伤重。雅人大怒，乱刀砍翻布达。布达腿臂尽失，滚入崖下。

第三节 族仇错结

布里、布达多日未归，急煞族人。族人四处寻找，终在山坳之下寻见布达。布达倒卧不起，止留一丝生息。众人细听布达哭诉，始知事由原委。人群哭声不绝，山野悲戚一片。布人发大誓，欲报杀身仇。[①]

布族与函人、雅人结下族怨世仇。

函族与雅人亦纠纷不断，结下族仇。

族仇既结，世代难解。函人、雅人、布人各族之后多有纷争，族战不断。希人、耶人、微人之后亦常有争战，难有平息。

第八章 划界立国

第一节 函人筑高墙

函人始筑高墙，圈围所属之地，以防异族入侵。男女老幼搬石运土，昼夜不停，风雨无阻。壮男力大者搬运巨石，呼号震天。老弱妇孺者送食送水，炊烟袅袅。老者逝去，幼童长成，春夏秋冬，代以延续。

函人高墙叠叠筑起，依山就势，延绵万里。墙宽三丈，高

① 布族以游牧为生，函族以农耕为生，最初的异族纷争或许就这样发生了。

三十丈，人畜难越，禽鸟难逾。每隔十数里，留有出入洞。洞门以三尺厚木为里，三寸厚铁为表，野火不烧，刀枪不入。

第二节 雅人挖大河

雅人善挖大河。沿居住之地，雅人挖沟凿河，河宽四十丈，深十余丈。挖河之土筑岸固堤，堤高平地十八丈。山水下流，海水充溢，河水宽阔渊深，牢牢圈围雅地。河岸之旁，间隔筑有高耸碉楼，以备瞭望察情，远近四方，可尽收眼底。

第三节 布人游牧

布人骑马牧羊，四处游荡，以草为居，依水为家。布人自与

（图 13 划界立国）

函人、雅人结仇，常径游四方，不越函人、雅人之界。

第四节 各族划界

雅、函、希、布、耶、微、撒诸族划地为界，各自立国，分治天下。后人世代繁衍，国疆延续，恩怨承袭。及至十代以降，疆界愈划愈细，立国愈来愈多，以至群雄并起，弱肉强食，战乱不断。

第九章 语因族异

第一节 语有所分

天风骤起之前，雅、函、希、布、耶、微、撒同族共生，居天帝宗地，蒙天帝灵荫，以元语表意。元语乃天帝创世之工，所言所声，人可无师自通。[①]

---

① 语言如何起源？这是人类又一个具有本质意义的问题，也被称为“世界最难的学术问题”，迄今未能破解。目前世界上有7000多种语言，关于语言起源的各种假说与观点，有神授说、手势说、摹声说、劳动说、感叹说、契约说、突变说、渐变说等等，但均未令人信服地被普遍接受。此处对人类语言解说的特别之处在于：一是将语言的起源分为“元语”、“族语”两个阶段，“元语”为天帝创世之工的内容，人可无师自通，其遗留痕迹如世界各族语言都称母亲为“mam”之音；二是族语因各族的居地、习性、族性等的不同而产生，是各族承载“天帝元语之赋”的延续和发展；三是把族语认作各族不同族性的重要内容，不仅是族内之人交流的工具，更是与异族区分的标识。

自天风吹袭，雅、函、希、布、耶、微、撒诸族散落各地。各族因地而异，或居山岳峻岭，或居沙漠枯地，或居河川湖泊。起居饮食不同，相貌肤色变异，心向意属有别，遂成分族，族性日显。

七族散居，习有不同，语有所分。惟有妈母之音为元语，不分族群生而定习。雅、函、希、布、耶、微、撒各族，承天帝造人发声之赋，各表族语族音，各书字符标记。

第二节　言有其用

所言之语，惟族内之人可闻，族人以此相通，以与异族区分。所书字符，惟族内之人可识，族人以此会意，异族不可明晓。

族内之人所言族语，因人而声别，或洪亮声响，或低细沙沉。族内之人所书字符，亦因人而别，不可重同。[①]

语因族异，言因人别，皆因言语乃天帝之工。人皆可言，言声皆异，实为天帝造人分族理世而使然。故人之相貌肤色有别，语亦有别。人之心性意念不同，言亦不同。

言语发于心，声于口，书于符，达于人。言语之能乃天帝造人所赋，万物之中，惟人所能。天帝之工皆有其用，绝无荒废。[②]

---

① 续言即使族内之人，语音会因人而异，书写字符也会因人而异，不可重同。这里把人的发音、书写的字符作为个人特性的标识。

② 讲人的言语、声音、字符均发源于心，为心的表征，且归结为天帝创世造人之工的一部分，惟人类所能。

第十章　分合有度

第一节　分合互变

天帝分族之工既成，各族散居大地一隅。各族居地山水有分，岩漠有别，粮草果蔬并不均等。天帝有意决，各族分合自有其度。日后族分族，国分国，合中有分，分中有合。

第二节　合国将出

待天地中人理世之效显成，合族合国将出，同族共生复现。到那时，合色之人遍地游走，不分族域国界。言语口音杂而有通，宗地元语亦将复生。到那日，天帝甘露均润众生，粮草果蔬不偏一族。普天之下，万众同生。[①]

① 此处预言：到了“中人”按天帝所赋使命完成治理世界的那一天，“同族共生”的现象将会重新出现，“合色之人”（应是今人所言“混血儿”）会大量出现，统一的语言（“宗地元语”）也将会复现，分国消亡，世人均享。此处体现了历史循环思想和大同主义思想。

卷五　立教

宗教信仰是如何产生的？人为什么会有宗教信仰？宗教信仰对人类的行为和文明的演进产生了怎样的作用？

宗教作为人类最重要的文化现象之一，是古人以心看物、以目观天的产物，是人类以超验的方式认知经验世界，以有限的思维探索无限的世界，并试图为人类自身建立起灵魂居所的思想方法和信仰体系。目前世界60多亿人口中有超过40亿人信仰各种宗教。

第一章　天崩地裂

第一节　雅人蒙灾

雅西为雅人族领，德高望重。平日亲率族人百工劳作，致全族生息有序，族兴民旺。雅人人多势众，体格健硕，少受异族侵扰。惟雅人渐以自大，骄惰奢靡日甚。

一日夜幕降临，男女老幼如常安息。突有天雷轰顶，电光劈闪，天摇地动。众人惊醒，无不惶恐。妇孺哭叫一片，男人惊悚颤抖，家人抱作一团。持续一时辰，雷声渐息，闪电渐远，众人复入梦乡。

雅西辗转反侧，无以入眠。起身走出，去到山坡高处。凉风袭来，雅西四处张望，周边山林并无异样。惟于天际远处，隐泛道道白光。白光层层叠起，强弱有错，时隐时现。雅西欲看仔细，却不得详见，一忽什物全无。伫立良久，雅西愈觉心慌，六神无主。

踌躇之际，雅西突被巨力摔翻。未及回神，旋即再被高高掀起，抛落深山谷底。

顷刻间天崩地裂，乱石飞迸。峭壁坍塌，大树折断，赤烫岩浆喷涌而出。天光闪烁，炸雷震耳，雷过耳聋。大海咆哮，野树焚燃，山林荒野烟火一片。

（图 14　天崩地裂）

第二节　雅西失腿

良久之后，雅西渐醒。有巨木乱石压迫双腿，使其不得动弹。雅西疼痛难忍，头身血水遍流。周边焦木炽烈，不停灼烤。

挣扎半晌，雅西终从重压之下抽身。欲直立而不能，原为一腿压于树下，躯腿两分，止剩一腿。

雅西以木为杖，独腿挪步，行至族人舍前。但见棚屋无一完好，族人不死即伤。

残存族人听闻雅西呼告，纷从周边爬至近前。存活之人或少臂或残腿，躯体完好者寥寥无几。众人见面，细察细看方可互辨。彼此相拥而泣，悲甚哀极。

第二章 雅西追问

第一节 雅人哀戚

夜幕降临，无人能眠。残肢之痛身无忍受，失亲之痛致心伤悲。

雅西伤心泪流不止。平日雅西心硬如铁，人称无泪雅西。此时雅西身依磐石，仰天长望，泪水胜似雨水。众人见状，无不惶恐哀戚。

第二节 雅西心问

雅西痛悲交加，心中不停追问：

天地为何崩裂？

山石为何飞滚？

大地为何摇晃使人无法稳立？

天光为何从天而降击杀人畜？

野火为何从远而来追赶活物？

活人活畜为何转眼死去？

欢闹玩童为何突然死息？

黄牛力大为何难挡山石冲打？

羚羊奔跑如飞为何难逃风火扑杀？

谁让天地崩裂？

谁让顽石飞走？

谁让大地摇晃不稳？

谁把天光发射？

谁让野火狂烧？

雅西苦思追问，问天不应，问地不灵，族人更是不得所解。雅西精疲力竭，困顿至极，不觉昏睡过去。[①]

雅西入梦，目见周边布满金黄之光。黄光泛红，红后转蓝，蓝后转青，再现斑驳之状。

第三章　幽谷天音

第一节　雅帝降灾

忽有天音从幽谷传出，幽深透彻，飘渺贯耳。雅西四处寻觅，只闻其声，未见其形。有音传来：

雅西毋须寻找，我在这里，在你之前。今日之事，我皆

① “天崩地裂”突然降临，几乎给雅人带来灭族之灾。雅西发出一连串疑问，问天不应，问地不灵，更无人能解。这种无解追问是人类产生宗教的内在动因和心理要求。

观在眼里。我是万能之帝赫雅，是管辖你及雅人全族之万能雅帝。我使你们向东，你们不可向西。我使你们向南，你们不可向北。[1]

我降灾祸于你们，遍地雅人全都见证。山崩地裂，皆因族人迷失灵道，像兽畜一样。你们像走兽般自大贪婪，像牲畜般懒惰享乐。赫雅不击杀惩罚，族人无以警醒。

雅人血脉之中，善恶并存，正邪固有，不加惩戒淘炼，恶邪自会膨涨。恶邪膨涨必致心乱，心乱必致生身乱，生身乱必致族失族灭。

第二节　雅西受灵

雅西为族领，生身载灵道。你须日日受灵悟道，日日自忖自醒，日日率族人培灵践道。赫雅每日瞩望，雅人所言所行尽在赫雅目中。赫雅遣灵使，雅人须尊崇，如同尊崇雅帝一样。

---

① 此处的“天音”发自雅人的“万能之帝”赫雅，它是超自然的存在，只有它才能让天崩地裂、山石飞滚、降天光击杀人畜、放野火追赶活物，才能对现世中人的不解之问作出回答。这里不仅给出了“谁”（who）所为的问题，而且给出了“如何”（how）和“为何”（why）的问题，其原因在于“雅人迷失灵道，像兽畜一样”。此处显示了立教的两个重要功用：一是解答人所不解之问，二是警示劝世，劝人向善。

第四章　带翅红狮

第一节　灵使红狮

雅西醒回，似经天雨沐浴，有如脱胎换骨。举头张望，惊见一巨狮跳跃于前，立卧山石之上。猛狮硕大，目泛奇光，专注凝视雅西，片刻不离。猛狮周身赤红，长毛飘逸，威风凛凛。肩背之上有巨翅一对，上下扇动，犹如大鹰。红狮之光映照山石树木，周边一片光亮。

雅西心存敬畏，心涌感激。

雅西欲近红狮，双脚却不得挪动。红狮与雅西凝视对望，口无言语，心有灵交。

良久过后，红狮突发长鸣，飞天而去。

第二节　神迹启示

经此神迹启示，雅西灵开道悟，得心问之答。返至族人之中，将所见所历告予众人。族人闻后，既惊且怕。人人皆对万能族帝敬畏，皆对雅西崇敬有加。[①]

---

① “带翅红狮”是一典型的神迹奇事。神迹奇事（miracles）是宗教营造的主要手法之一，有非凡能力者（往往是神）以异乎寻常的方式，导致发生了超出一般现实经验的神奇之事。这里的作用有二：一是显示雅帝的无所不能，二是增加雅人的敬畏之心。

（图 15 红狮飞天）

第五章 雅西传谕

第一节 召募族人

夕阳西下，余晖普照。

雅西召募族人，集合于山下凹地。凹地宽大，族人尽载。众人举首而望，见雅西立于高坡巨石之上。有红狮在其右，正身危坐，巨翅一开一合。

第二节　传谕族人

雅西将所得天谕默示，娓娓宣予族人。天地四方静谧，惟雅西传谕之音回响：

雅族之人皆要倾听，万能族帝正注视观望。自雅族生成以来，万能族帝一直在注视观望。雅族之灾族人均已看到，万能族帝要山崩山不可不崩，要地裂地不可不裂，要天火降临天火不可不降临。

雅人全族遭大灾，除去毙死，余皆受伤，无有人家可免。全因族人有悖族帝指引，迷失灵道，似走兽般自大贪婪，如牲畜般惰懒享乐，恶邪血气充斥全身，恶邪念意充斥心神。

万能族帝要将族人领回正道，于是击打惩罚。要致族人皮肉开裂，好使恶血邪气流出，好使恶念邪意清除。

雅西言此，红狮扇动双翅，腾空而起，卷起一阵飓风。众人惊骇，皆以双手护头，不敢举望。猛狮绕族人旋飞，边飞边发震天鸣叫，扶摇盘旋一周，复落原处。

第三节　族帝使者

雅西续曰：

红狮乃万能族帝使者，奉帝指派，专注族人。族人无分老幼男女，皆须尊崇敬畏。红狮威猛，战无不胜。所到之处必护雅人，凡有雅人之地，必有红狮降临。

红狮长双翅，惟其独有。其翅发红光，世上无双。

红光照耀之处，必为雅人带来吉祥。雅人要记，族人须尊红狮为神使，尊赤红为圣色。[①]

第六章　雅族八戒

第一节　八项戒规

雅西得族帝天谕，遂向全族宣谕雅族八戒。凡雅族之人皆须遵守，凡不遵守者皆须从族内灭除。雅人戒规如次：

雅人尊崇赫雅为万能之帝。赫雅为世上惟一万能之帝。

雅人尊崇带翅红狮。带翅红狮举世无双，乃万能族帝之神使，雅人全族之护引。

雅人全族尊崇赤红之色为族圣之色。赤红之色乃雅人全族吉瑞之色。

雅人后代不可与异族通婚结合。因雅人乃万能帝赫雅之

① 雅西在这里既是雅族首领，也是雅人中的智者，是连接雅帝与雅族的“中间人”和“媒介”，在诸多宗教中，这类人亦被称为“先知”。故雅人所立之“雅教”，其内容、信条、规范等等，皆以先知传达雅帝旨意的方式，整理传达给普通族人。

圣民，凡同异族男女通婚者，须从雅人之中剪除。

雅人后代须孝敬父母。亦要孝敬父母之父母，孝敬父母之兄弟姐妹。

雅人后代不可乱交。不可与兄弟之妻、姐妹之夫乱交。男人不可与男人交合，女人不可与女人交合。男人、女人皆不可与任一牲畜交合。

雅人后代不可杀人。若外族人先杀雅人则在例外。掠杀本族人者，则须以命偿命。

雅人后代不可偷窃。不可偷食别人园内之果，偷窃别家屋内财物。雅人须自己劳作，自己收获。该你所得可得，非你所得勿得。

雅西言毕，红狮腾空而起，于雅人顶上飞舞，所过之处掀起大风，降下大雨。大雨赤红，似血非血，似雨非雨。族人无不颤栗，无人出声，无人敢泣。

第二节　雅人受戒

雅西将戒规重复宣谕两遍，族人无不领受，个个默记在心。雅西随挑幼童雅摩复诵族规，雅摩竟能由心而发，只言不差。[①]

① 戒规（戒律）是宗教的核心内容。不同宗教的戒规内容不同，特别在尊崇指向上有明确的界分，而在涉及人的生活行为、伦理道德等方面，如劝人向善等不乏类同之处。

红狮发出刺耳嘶鸣，盘旋两周，振翅高飞。

雅人得谕受戒，即为雅西率领，日出而作，日落而息。族人相安和睦，勤勉守规，劳作有序。

第七章　函人遇洪

第一节　天顶开裂

函人居平原丘陵之地，多以耕种为生。荒原野坡经朝耕夕作，方田有序，高低有次。

一日日头突被黑幕遮挡，白昼变为黑夜。天边雷声渐起，由远及近，震得地动山摇。

天顶开裂，大雨如注，七天七夜不停。地底张口，洪水冒涨，七天七夜未止。函人家园顿成汪泽之国，男女老幼多为洪水冲走，不知去向。少幸男女抓牢树干，如草挂木，挣扎飘荡。

第二节　巨鳌远来

有巨鳌自远处游来，鳌背露于水面。族领函那立于鳌首，双手握紧鳌角。

鳌龟似鱼，可出水入水。鳌龟非鱼，头似牛马，鬃须两挂，

（图 16　巨鳌远来）

耳角成双。大鳌颈背似黑鳄，鳞节有序，翅甲列排。长尾状似巨蟒，可翘立水上，似旗杆一样。鳌身背宽十丈，长逾百丈，周身五彩缤纷，视不定色。

大鳌天降，乃受天帝指派，作天帝使者，函人引者。故惟函人可见，亦惟函人所佑。众人初见，始以为鱼、为龟、为鳄、为蟒、为牛、为马、为虎，实乃瑞兽集合，天物造化。

函那为函人首领，函人所在，函那即在。大鳌背甲之上，有余生函人如蚁附树，贴伏其上。有函人挣扎浮于水面，见大鳌游来，或抓爬鳌背，或牵挂鳌鬃，人上叠人，头脚不分。

大鳌背载函人，游走七天七夜。及至第八日，洪水渐退，露出山坡高树。再过三日，小丘平地亦渐显露。惟深凹低处多有存水，成湖泊河渠。

第八章　函那得灵

第一节　函那神使相联

函人纷从鳌背滑落，惟函那牢立，纹丝不动。众人皆惊，见函那两腿已与神使相联，周身布满鳞甲，远观近视，浑然一体。

函那双目不张，伫立三日三夜。及至第四日，日头升起，大鳌昂起高头，抖动身躯，发出惊天长啸。函那被从鳌首抛离，跌落巨石之上。

众人涌来，围于函那身旁。函那清点人数，全族男女老幼余生者，计为三万两千七百八十六人。众人凝望函那无不惊诧，眼前函那已得天帝神灵。

第二节　函那宣谕

函那召集众人，将所得神灵宣谕族人：

众族人，你们皆已见到，函人遭遇大洪水。洪水从天而降，从地而涌。漫山遍野皆为水淹，活物死石皆为水没。

众族人，你们皆已见到，洪水毁灭函人家园。草木粮蔬被湮，男女老幼被卷，鸡犬牛羊不留。

众族人，你们皆已见到，天帝遣派神使拯救。神使现于族人劫难之时，将族人从万物中拣选。神使使大水退去，保佑函人恢复家园。

神使以躯为石，为函人搭建护墙。函那肉身因神使充灵，族人之命因神使保全。

第九章　函人七戒

第一节　函那颁戒

函那受天帝之启，藉神使灵导，向函人颁戒命：

众族人，你们皆须尊崇世上惟一天帝。惟一天帝为函帝，即函人之帝，不可另有异神。

众族人，你们皆须尊奉天帝神使。神使护爱函人，拯救灵导函人。神使无所不能，可保全函人族命，可成就函人精魂。

函人子孙须孝敬父母，须孝敬祖父母，孝敬父母之兄弟姐妹，孝敬年长之人。

函人须多多生子。须让子孙遍满全地，以防再有天灾降临。

函人不可乱交。不可同牲畜、走兽交合，不可同弟兄姐妹交合，不可同父母及父母之兄弟姐妹交合。

函人不可杀人。杀人须以命偿命。

函人不可偷窃。不可抢占他人财物，须自己种粮养活自己。

第二节　鳌身成墙

众人伫立聆听，鸦雀无声。函那宣谕完毕，大鳌伸展其躯，依山就势，蜿蜒数里。

东风吹袭，天降细雨。大鳌三番抖动，呼啸腾空，飞天而去。但见鳌身留于地面，成磐石高墙，坚固无比。众人惊恐，举头不见大鳌身影，只闻大鳌飞声缭绕。鳌身大墙经千年而不倒，护卫函人，后成函人圣墙。

（图 17　鳌成磐石高墙）

第十章　旱灾降希

第一节　希人求雨

希族之地，久旱不雨。烈日当空，天火泻地，大地开裂，土石生烟。池塘积水枯竭，鱼蛙干死不剩。

树木枯萎，驼羊倒毙。鳏寡老弱接连死去，妇孺壮汉挣扎待毙。

族长希里率族人面西而跪，祈天求雨。希里举高双手，族人举高双手。希里伏身叩头，族人伏身叩头。希里高声祈拜，族人随声呼应。

一连九日，偶有低云飘来，不见丝雨降临。祈拜之人奄奄一息，有人欲弃，众人悲泣。希里劝告族人，雨神终来，万不可弃。

至及第十日，忽有凉风从西北袭来，众人一阵颤栗。族人举头张望，见有蓝云由远及近，缓缓飘来，渐多渐低。蓝云萦绕，旋将希人笼罩，致人不可互视。希里高声祈求，众人随之呼应，呼告之声响彻旷野。

第二节　希里逝高云

众人双目无视，惟希里呼告之状清晰可辨。希里周身为蓝云缠裹，人云相融，似成云人。云人得神力托浮，离地盘转，愈升愈高，竟至逝于高云之上。

（图 18　希里逝高云）

第十一章　雨神降临

第一节　天池倾泻

蓝云骤然化聚，汇成飞天巨龙，于希人之上舞动不停。飓风呼呼作响，希人卧伏于地，不敢举头。

大雨终降，似天池倾泻，漫天而注，不分间隙。希人欢悦，起身狂舞，如痴如狂。

雨注两夜一昼，干涸河道积满洁水，枯萎树苗举头挺枝。

第二节　希里归来

及至夕阳西下，西天飞来云车一辆。希里在上，徐徐而近，缓缓降于希人之前。众人欢呼雀跃，将希里围于中间。

希里手执神杖，神杖闪烁蓝光。希里头顶蓝冠，蓝冠熠熠闪亮。希里凝望众人，挥指神杖，众人全都匍匐趴卧，没有声响。

（图 19　众人匍匐趴卧）

第十二章　希里授戒

第一节　雨神眷顾

静默良久，希里始向族人传谕授戒。希里道：

希人要听，希里乘云车拜雨神，浮于高远之处，眼前一切，尽都看见。希人困绝之际，幸得雨神眷顾，始有天水降临。雨神再不施救，希人定要族灭人亡。希里得启悟受神命，传雨神戒规于希人。

第二节　希人戒规

凡希族之人，均须铭记：

雨神为希人族神。希人无论何时何地，皆须尊崇雨神。

希人须每日祈拜雨神。无雨祈拜，雨神将降雨。有雨祈拜，雨神记谢恩，不再遗忘希人。

希人以头裹蓝带为记。蓝带为雨神所授，希人头裹，外为身记，内为心记，为雨神喜爱。

希人须勤苦劳作。雨神奖赏勤勉之人，降福自食己力之人。雨神惩罚懒惰之人，令其草木枯萎，牛羊渴死，家眷毙命。

希人须孝敬父母。上无父母，何来己身，何求子孙。

希人不可与外族之人交合通婚。希人男子不可娶外族女子，希人女子不可嫁外族男子，不可杂乱希人血脉。

希人不可乱交。不可与牲畜禽兽乱交。不可与父母兄妹乱交，不可混乱族序家常人伦。

希人不可吃水中鱼虫。水为雨神所赐，水中鱼虫为雨神圣物，得雨神之顾。

族人将希里所传诫律一一牢记，男女严守，世代传袭。

第十三章　布人遭疫

第一节　大疫临布

布人居丘山之北，犀水之东。布人居处芦草茂盛，奇鸟怪虫不计其数，白昼炎热，夜晚清凉。

天历三十一年中夏之初，忽昼夜反转，白日西北风起，清凉透骨，傍晚地温上升，愈夜愈热。日复一日，持续三月。

一日布达率族人狩猎，傍晚归返。途径荒坡野沟，惊见野羊野鹿倒毙一片，虫鸟腐尸遍布，恶臭熏天。

众人惊怕，仓惶逃离。一夜之间，始有老者不适，呕吐不止，毙命连连。三日不出，族内老人所剩不多，续有青壮成年亡命，各家无有幸免。

大疫临布，众人束手无策。族领布达愁苦无奈，七天七夜迷昏不醒。毙命族人如秋叶凋零，眼见生者所剩无几。族人绕围布达，嚎天啕地，不见布达苏醒。众人悲戚，以布达已死，搬来香薰茅草，覆于布达体上。

第二节　天虎降临

及至第八日，东天放白，突有呼啸之声响起。族人惊诧，见一硕大天虎，周身泛青，巨翅扇动，从丘山高云之后飞降而来。

（图 20　天虎飞来）

天虎呼呼吹气，掀飞布达身上覆草。布达微微颤抖，竟至神智甦醒。布达慢起身，见天虎在前，立拜于地，众人亦拜伏于地。

天虎隐于丘山犀水之上，乃布人镇妖神兽，所到之处，可驱疫避灾。天虎抖动身羽，望视布达族人，告曰：

布人居山傍水，狩猎为生，原本无恙。然布人未识天道，无论恶物善物，盖杀无分。及至近前，其况尤甚，惧恶欺善有加，趋恶离善愈烈。布人与恶为伍，扬恶弃善，常此以往，人将不人。

恶邪张扬，戾气暴涨，邪疫泛滥，布人将遭灭族之灾。布帝远在天外，目视当前，眼见邪疫降临，布人已遭惩罚。布帝不忍族灭，遣天虎飞来，救布人于濒危之际。

第十四章　天虎颁戒

第一节　布人戒规

天虎曰，布帝在上，帝虎在下，布人要听：

布人要信奉布帝为惟一天神。布帝威武强大，无所不能。布人若信异神，大疫必生，大灾必降，众人不可拯救。

布人要尊奉布帝戒命。从善弃恶，不可趋恶欺善，纵使恶是强大，善是弱小，欺善必遭天罚。

布人要行正道。行正道子孙繁多，浩浩荡荡，有序有列，不致拥挤倾轧。布人若行邪道，子孙愈走愈少，纵三五之人，亦会你砍我杀，地容不下。

布人要尊天虎。天虎受布帝遣派，传布帝旨意，引布人前行，守护监管，昼夜不停。布人见天虎，如见布帝音容，如闻布帝言声。

布人要击杀恶兽。恶兽凶猛，专以善物为食，良人亦不放过。布人要厚待温善之物，凡食草叶者，皆性情温厚，为人添财，于人无害。

布达与众人听罢，皆默记于心。天虎见布人回复生机，振翅而去。[①]

第二节　天虎守护

布人以天虎为族人守护神，以靛青为族人吉色。

布人族旗硕大，高悬于柱，随风飘扬。旗上有天虎，目可转视。地上布人所行，天虎无不尽观。

①“天虎”受布帝指派颂戒，是一拟人化的“神使”。

第十五章　耶族风灾

第一节　岸树为居

耶族原居西海之滨，常遭海啸侵袭。耶人擅筑屋于岸树之上，离水十八丈，与鸟为邻，海水袭来，人可避之。树屋悬空而连，连绵数里。

一日日头高照之际，突有黑云散布，远处传来隆隆声响。声响愈来愈大，耶族男女无不恐惧，纷纷爬树上屋。众人抱躲一团，族领耶利也不免心慌。

旋风呼啸，沿地面盘转。成片树木连根拔起，连同树屋一同冲上高空。有摔落近地，多随风远飘。

耶利树屋庞大无比，与兄弟树屋盘根错节连成一体。狂风掀起，树屋遮天盖地，似浮云漫游，飘至三百里外。

沉睡三日，耶利甦醒。惊见家园不再，周边尽是岩石山坳。耶人树屋散落一片，山边岩崖挂满残物。幸存者渐渐醒来，个个惊魂不定，纷从各处汇聚过来。族人相见，相拥而泣。

第二节　奉山为神

耶人自此不再居于海边树屋。族人移居山坳，背依高山，掘洞而居。有高山为障，狂风不再袭扰，耶人始以山神为敬。每日太阳西落，耶人男女跪拜大山之下，叩拜祈福。后耶人多采花岗巨石，于山巅之处建巍峨山庙，供奉山神。

第十六章　微族火云

微族居于草地，擅筑棚而居。微人辈序不分，杂居群婚，怪异之胎层出不穷。缺耳无眼者有之，似马似牛者亦不少见。甚有人偏好倒卧爬行，以足为手，以头为足，日久习非成是。

及至微族第十七代，有天雷轰顶，火云从天而降，覆盖微人

（图 21　微族遇火云）

居地。大火七天七夜不息，置微人于火海，树木枯焦，屋棚变灰烬，山石成黑土。

微人几尽灭亡，惟微东一家依湖而居，火云来时以木为舟，泛舟湖上，逃过大劫。微东家后落逃远方，混居异族之中。

第十七章　撒族风顺

撒族承天帝旨意，为天风吹飘远处山川之间。所居之地，北西有峻山，名曰尼山、昆山，南东有河川，谓曰慈水、底水。居地四季分明，百年风调雨顺，未遇大劫大难。族人日出而作，日落而息，专于劳作，拙于遐想，未敬神立教。不及百年，撒人心乱。

心乱而本乱，本乱而族乱，以致撒人内忧不绝，外患迭起。有智师得天帝启悟，倡立撒教，以教立心制魔，以道扬善驱恶。后教统相传，曲折迂回，一波三折。

第十八章　普罗教立

第一节　雅普遇希罗

雅普为雅人之后。一日行山狩猎，不觉翻越高岭，行至山南。

山北严寒酷冷，冰天雪地，山南酷暑炎热，砂石生烟。雅普一众随从困顿饥渴，倒卧山崖之下。数人寻水不果，有去无回。

希罗为希王之女。希罗性情豪爽，武艺高强，习以男装示人。是日希罗一行巡游，忽见有人倒卧一片，奄奄一息。近看倒卧者皆为异族外人，着异族之服，有异族红狮旌旗斜耸砂丘之上。随从见之欲上前斩杀，希罗喝止。

雅普挣扎举头，惊见希罗率人围立周边，欲起不能，欲言又止。希罗解下所携水罐，喂水雅普。雅普欲拒复从，饮下几口，气力渐还。余随从皆仿希罗，喂水雅人。雅人气力渐还，纷纷起身站立。

雅普与希罗对语，无奈雅普所言希罗不解，希罗所言雅普不晓。惟少许话音似有相通，略知大意。

第二节　地动山摇

踌躇之间，有乌云从山后翻卷而来。大地隆隆作响，山上紫烟冒出，云烟交合，袭卷漫山。片刻之间，地动山摇，飞沙走石，高崖倾覆，凹地隆起。众人惊恐，携手而拥，躲于崖下。有躲闪不及者为巨石饼压，雅人希人各损其半。

乱石飞迸，云烟漫卷，三天三夜不见停息。及至第四日东方日出，众人惊见汩汩清水由地涌出。清水愈升愈高，及至覆满全地。

希罗诸人惊恐，因希人之地常年干旱，未曾目睹如此浩瀚之水。雅普率众雅人寻来树木枯枝，以绳结木连成浮舟，将希人置于其上。所结浮舟愈来愈多，及将所有活人皆可载上。雅普命众人将散舟连为一体，遂成硕大浮舟。浮舟高约三丈，宽约百屋之长。

第三节　孤岛安居

巨舟漂浮七天七夜，终停于一孤岛山脚之下。众人欢欣，跃落陆地。上岛不见一人，惟见麋鹿成群，或赤红艳丽，或红白相间，徜徉山间林下。岛上果木遍布，郁郁葱葱，石榴、椰枣、无花果、番石榴应有尽有。众人开怀，饱食一顿。

自高崖倾覆洪水覆地，雅、希族人遇险无数，其间互助互扶，共得死里逃生。两族之人不知不觉，竟能言语相通，心意相会。

尤令雅普欣喜者，希罗原为女儿之身。水浸之后，希罗尽显窈窕身躯。希罗甚佩雅普骁勇之举，亦倾雅普英武之貌。

（图 22　篝火遍地，载歌载舞）

众人择佳日，于云淡月圆之夜，为雅普、希罗成婚。是夜篝火遍地，映红山谷海边。众人载歌载舞，彻夜无眠。雅普、希罗被拥为王为后，男女随从相互倾慕者，亦各择佳日，结为夫妻。

雅普、希罗将此岛命名为普罗地，合雅普、希罗之名而成，意为雅普、希罗发现之地，为雅普、希罗所有。

第四节　普罗教规

雅普、希罗立普罗教，订普罗教规如次：

普罗教尊崇万能天帝。万能天帝大恩浩荡，无所不能。

普罗教尊崇仁爱。凡尊崇万能天帝者皆须仁爱待人，彼此互为兄弟姐妹，不分贫贱，无分族类。人当有福共享，有难共当。

普罗教尊崇孝敬。教人皆要孝敬父母，亦要孝敬父母之父母，孝敬所有年长之人，无论自家外家。

教人不可乱交。不可与兄弟之妻、姐妹之夫乱交。男人不可与男人交合，女人不可与女人交合。不可与任一牲畜交合。凡乱交者刺青于脸面，以作羞辱标记。

教人不可杀人。凡杀人者须偿命被杀。如遇异教凶恶之人来袭，可自卫还击，可痛杀来袭恶人，一个不予存留。男人皆须上前迎敌，有胆怯躲避者，可被斩杀。

教人不可偷窃。不可觊觎他人财物，不可不劳而获。该获者当获，非己者莫取。凡伸手拿取非分之物，皆为偷窃。

> 偷窃石榴三个以上者，可斩断一根手指。偷窃十个以上者，可斩断五根手指。偷窃其他财物者，由教内律士以此类推判定。如偷窃者为律士亲眷，须换另外律士判定。[①]

教规颁布，普罗教人无不尊奉。后有外来遇险避难之人，多留居普罗地，入普罗教。亦有教人外出贸易，将普罗教传至异地。后入普罗教者日众，不分族类，教人遍及各地。

后各族多有立教，教立万宗，教中有教，分中有合。及至天历万年，教分万流，终归一道。天启有曰，合而为正，道通天下。[②]

---

① 宗教从信仰者的族群范围的角度可分两类：一是民族宗教，信教者皆为同一民族，外族人不可入教，此类宗教将信仰与族群相叠合；二是普世宗教，入教者以信仰为标准，不分种族。前述雅教、布教等应为民族教，此述普罗教应为普世教。

② 预言万教归一、道通天下的趋势。

卷六　争战

争战是文明演进的相伴物，是人类一种有本质意义的社会现象，故《两界书》在“分族”、“立教”之后即列“争战”。从争战的起因看，一为“物争”，即由物而起的纷争，诸如争夺粮谷、疆土、水源等；一为“意争”，即因信念（意识）不同而引起的纷争，诸如教义、教规、崇拜物、价值观念等，历史上这两种争战往往又纠合在一起。从争战的参与者而言，一为“异族之争”，即不同部族之间的争战；一为“族内之争”，即同一族群内的争战，而这两者有时也是错综复杂地纠合在一起的。

第一章　雅人尊赤

第一节　雅罗为王

雅人遭天崩地裂之灾，因得天帝眷顾而幸存。天历一百六十二年，雅罗被拥为王。雅罗育有十子，分立十族，散居猶山周边，瑞水之畔。

第二节　王立新例

雅罗王承族帝默示，遵古法，立新例，以带翅红狮为族拜，以红狮图符为族徽。雅罗王颁令，凡雅人居所无论近远，均须于至高处擎立赤红族旗。族旗须绣雄狮族徽，凡不遵令者，盖以严刑处之，甚或革出族门。

雅罗王专颁诫令，雅人各族均须严拜赤红为圣色。凡赤红之物，必置于中胸之上。凡置于股下足下者，可处断足断臂之刑。雅人须以性命捍卫族旗。凡对族旗不恭不敬者，要以乱石击杀。

族规既立，雅人无不恪守。凡雅人群居之处，无不高擎赤红族旗，纵三家五户小村细落，亦不例外。

第二章　怪兽袭函

第一节　依规生息

函人自受函帝启悟，即依函帝诫规生息劳作，传嫡有序。至天历一百九十年，函人生殖繁衍遍布蹇山以南、青水以东全地。大王函摩利威猛无比，甚得族人敬仰。

第二节　怪兽凶猛

天历一百九十三年冬，群山萧瑟，万木凋零。每至夜深，远山之后便有怪兽嚎叫传来，声响刺耳，闻者悚然。老弱妇孺胆怯，

（图23　四角怪兽）

夕阳不落，即入茅屋土洞。男丁壮士立于高岗，手执长矛，警戒保卫。

一日夜深，月高云黑，大地死寂。突有成群怪兽呼啸而来，飞沙走石，排山倒海。近看兽有四角，头有四眼，两眼置前，两眼在后。怪兽眼泛红光，闪烁发亮，身披赤毛，粗壮飘逸。怪兽冲入函人群落，撕咬吞吃，如食羔羊。男人壮汉舍命搏杀，直至东天将亮，怪兽悻悻离去。函人死伤无数，血流成河，群落一片狼藉。

函摩利大王清点族人，远亲近戚非死即伤。惟以冬藤遮盖屋棚，保全完好。冬藤四季常绿，叶藤繁茂，上有利刺。怪兽来袭，其角常被藤枝缠绕，不断即折。怪兽虽凶猛，然其致命死穴即在其角。兽角断则血流不止，纵皮肉完好，亦性命难保。

第三章　函人敬绿

第一节　以藤为圣

函摩利大王遂以常绿冬藤为族人圣物，敬绿戒赤，因怪兽眼泛赤光，鬃毛赤红。妇孺尤惧赤色之水，因遍地残躯断肢，血水横流。

此后函人居处，皆执正绿族旗，户户无有例外。冬至时节，族人习以堆集冬藤。屋棚穴洞门外，族人进出路口，皆堆满冬藤。

函人广种绿藤，山前屋后边坡渠沟，无不遍植。怪兽偶来侵扰，均被函人击退。惟怪兽狡黠，常突袭老弱妇孺，不时得手。

第二节　函钦继位

天历二百一十三年，函摩利大王驾崩，长子函钦继位。函钦为王，承袭前制，开启新政，族规族约传承有序。

一日天高气爽，函钦率人出巡。所到之处，方圆百里绿藤遍布，枝蔓连绵，望无尽头。函人村落凡屋顶高坡，皆见绿旗招展，蔚为壮观。函钦快马轻步，一路心悦。

第三节　异族入居

众人不觉远行，已至百里开外华岭之前。正待歇息，前行探兵突惊慌折回，禀报岭前异情。函钦登坡远望，但见山坳远处棚屋满布，高低错落。一棚硕大无比，屋顶高飘赤色大旗。余屋遍悬旌旗，大小不一。

见有异族之人入居函地，筑屋建棚，函钦怒不可遏。函钦大吼一声，令旗一挥，数百壮汉拍马前行，冲杀而去。

第四章 函雅结仇

第一节 雅人离散

村寨原为雅人一支所建。二十余年之前，雅侯支族与雅人本族离散，游来此地安营扎寨。经年无有大扰，生息繁衍，渐成规模。平日男丁壮汉外出，或耕田劳作，或捕鱼狩猎，惟妇孺老残居屋守舍。

第二节 拔旗烧屋

函钦率兵马冲入村内，拔旗烧屋，四处砍杀。留守雅人多为妇孺，无力抵抗。

夏娅为族长雅侯之妻，见族旗为异人拔折践踏，愤怒异常。夏娅跃上旗台，手握长枪，誓死护卫。妇孺老残群起效仿，纷登旗台，簇集夏娅身边。

夏娅携妇孺老残，个个浩气凛然。雅人虽为妇孺之辈，然挥舞长枪短棒，英雌气概不逊壮男。函人士兵心有畏慑，不知所措，止步不前。

函钦见状又羞又怒，威声呵斥。众士兵蜂拥而上，妇孺难敌壮汉，旋即死伤一片。雅人族旗倒地，村寨被占。函钦下令放火，转眼之间狼烟四起，火光冲天。不出半个时辰，山寨化为灰烬。

（图 24　夏娅浩气图）

函钦见状，令士兵收拾刀枪，按原途返回。返归之际，函人将所带绿旗遍悬高地。

第三节　雅人铭仇

雅侯狩猎归来，惊见村寨尽焚，族人几无生还。夏娅奄奄一息，断续诉说原委。未及言尽，断气身亡。

雅侯如雄狮咆哮，扯碎函人绿旗。随后挥起长枪，欲寻函人报仇。年轻壮士群情激奋，誓言寻函人报仇。老者雅申上前阻拦，劝诫不可莽撞。函人人多势众，雅人苍莽上阵，必定雪上加霜。

夜幕降临，雅人围于旗台之前，无人能眠。有人哀叹，有人低泣，有妇孺老残尚余气息，低沉呻吟。

雅侯闻之望之，愤恨难忍，突挥长刀，猛力断掉左臂，以诫族人勿忘族恨。众人阻拦不及，一片惊呼。

青壮烈汉见状，多欲效仿，雅申上前大声喝阻。族仇须铭记，无臂何复仇？

（图 25　断臂铭志图）

第四节　割臂铭志

壮士不再草莽，然人人均在左臂肩上三寸，割十字臂记，以铭族仇。年幼男子虽有惧怕，然凡为雅族之男，无不割臂铭志。

自此之后，凡雅人男丁八岁之际，皆行割臂之礼，以十字臂记铭记族仇，纪念先人。此俗后为雅侯族之族规族俗，延续千年。雅、函族仇亦延续千年，终难改变。[①]

第五章　雅人迁移

第一节　天显灾象

雅申凝视夜空，心中不禁一惊。只见天高月隐，正东偏南星象大凶，冥星、海星、胡星由上至下连成一排，似利剑悬空，剑指雅人之顶。雅申幼时即从先人习知，此乃大灾之象。先人早年凡遇此象，即遭族灾。今复遇此象，果有族灾再起。

雅申细望顶空，有流云断续向西。云边流星闪烁，由东至西缓缓而移。再观西天边际，有清亮银光泛出，白中显红，依晰显现。

---

① 函、雅两族争战，既有“物争”（土地所属），也有“意争”（雅人、函人各有所崇），两者结合，遂演变成两族的争战，并结为世代族仇。“割臂之礼”缘起争战中的断臂铭志，后延续下来，即成族规族俗。族俗是一个部族的集体记忆和文化符号。

第二节　族帝召唤

雅申闭目沉悟，隐听族帝启唤。雅申心得天启，复辨天象，得悟族人正深陷危难，惟依万能族帝指引，方可脱灾离险。

雅申对族人曰：

先前之事，万能族帝皆已看到。族人远离本族本家，流于异族之地，惨遭异族屠戮。万能族帝紧要之际并不歇隐，雅人族旗不会倒下。

族人可举头观望，流云西冲，繁星西涌，雅人流民须迁动。[1]

（图 26　流云西冲）

① 此处言及雅人一支远离本族祖地，成为流落异地的“流民”，故遭致灾难。灾难当头，又是族帝引路，出面解救族人，由此可增族人对族帝的敬拜。在族帝的召唤下，流民开启寻归族地之路。

众人望去，天云繁星列排西涌，似召人归家。再观东方，串星如剑，愈发刺眼逼迫。众人依雅申告谕，匆匆收拾行囊，搀携伤残，向西进发，寻归雅人族地。

第六章　开疆引水

第一节　渴蟾作祟

希人所居乘山一带，远离湖泊，日头暴晒，流沙遍地。山丘荒地之中，多有渴蟾出没。渴蟾形如黄鲶，身有八脚，背有两翅，爬行甚快，善跳会飞。渴蟾汲水成性，有汲水化气之能，所到之处河水汲干。百姓深受天旱之苦，更受渴蟾作祟之害。

希人善掘井取水，掘深四十丈，方见地水泉涌，可供饮用。然希人村落散布八百里，可掘井取水之地竟为少数。加之渴蟾出没无常，希人干旱之困终无彻解。

第二节　希曼寻水

天历一百七十三年，希曼为王，决议率族人开疆引水。春至时节，希曼率强悍随从两千出外寻水。每至一处，希人皆以石叠磊，筑成圆泰，以标示希人之地。圆泰底大上尖，圆形塔状，垒叠三十八层。依用石大小，园泰高低不一，高者数十丈，十里之外可见。[①]

第三节 天河圣水

希曼王率众出行数月，翻山越岭，行至一处新地。举目望去，岭下草木繁盛，一片葱绿。穿越岭下树林，惊现宽河一条，水清见底。众人兴奋异常，高呼“奥拉”，即为祈福谢恩之意。将士捧水痛饮，有人趴卧河边，伸头入水，尽情畅饮。有卒兵乐极生悲，不慎落水，因不识水性，沉水无回。

大河川流不息，希曼王观之，慨叹不已。希人世代深受旱灾之苦，每日求雨，并不得丰沛雨水。今终蒙雨神大恩，天水聚河川，天露汇甘泉，不见其源，但见其流滔滔不断。众人称其为天河，意为天水之河，天帝所赐圣水。

第四节 谢恩雨神

希曼王率族人序列排开，跪地而拜，谢恩雨神。微风渐起，希人蓝旗随风扬飘。各人解下头顶蓝带，时上下时前后，依序挥摆。自希人祖上以来，世代延以此俗求雨谢恩，百年不改。

希曼率族人筑圆泰于新地。众匠人凿选大白石，磊筑硕大

① 古族有在新发现领地筑建各类标志物的习俗，以此标示对领地的拥有，同时也作为祈拜的场所或对象。

圆泰。所选白石光洁如玉，日照不灼，冰压不冷。园泰由习常三十八层，增高为六十八层。完工之际，众人齐呼“奥拉”，“奥拉”之声回彻山谷。

（图 27　希人筑园泰）

第五节　族师会议

希曼招来诸族师，会议族人大计。族师为族内德高望重之人，精通古训，擅观天象。希人每遇族内要务，均由族师合议，族王议定。

族师希启曰：

天帝赐我天水，复赐丰沃宝地。希人既已筑就圆泰，此地已归希人所有。希人可举族迁徙来此，沿河而居，必彻解族人缺水之困。如此而来，希人必子孙繁多，必成诸国之王。

希皋、希稷两族师随即附议，以为上策。

沉寂半晌，族师希鲁开口曰：

希人居乘山祖地，天帝赐授久矣。希人世代繁衍承传，虽受干旱之苦、漏蟾之扰，然希人深得天帝眷顾，保我族人由少而多，延传有序，佑我族人筑城安寨，村舍罗布。如今怎可轻言而弃？

（图 28　族师会议）

而况乘山之下，先人立族立教所在，天帝雨神拯救施恩之地，怎可见异思迁，废弃祖地！

希启、希昕诸族师附声称是，吁族王不可废弃立族本地。希曼王思忖良久，沉默不语。当晚未作定议，各自安息。

第六节　求悟天启

夜深人静，天河奔流，涛声汩汩。希曼辗转反侧，思绪千里，难以心静。远离族地时日有多，族人家眷一切安好？故地久受干旱困苦，然滋养族人生生不息。新地天水充沛草木茂盛，故地新地何取何舍？希曼心罣念思，求悟天启，彻夜难眠。

东方泛白，日头渐起，希曼王召集众人。众人先向天帝雨神敬拜，依次三番。敬拜完毕，众人肃立，聆听希曼诏谕。希曼曰：

希人蒙天帝之恩，兴族立教，繁衍子孙。亘古以来，以大乘为居地，勤恳劳作，多得天眷。惟常遭干旱之灾，常受缺水之苦。今受天帝恩赐，寻得天水之河，实为希族至福大祉。天帝恩意，希人万世不忘。希人获此恩地，须近水而居，据岭修寨，以被天帝之恩，以护天赐甘水。

然希人不可忘祖宗弃祖地，不可离弃天帝所赐祖业祖地。天帝有启悟，且授万全策。希人须凿大渠引天水，引天河之水至乘山故地，以使天帝之恩遍及祖地，惠及族人。

六族师听完希曼所言，连声称道。众人高呼“奥拉”、“奥拉”。

第七节　天渠绵延

希曼率众人返祖地，举族人之力，历经二十余年，终凿通大渠一条，希人谓之天渠。天渠宽十丈，或绕山而行，或作隧而通，绵延千里，终将天河之水引至乘山一带。

（图29　天渠延绵千里）

天渠通于天历一百九十六年春至时节。希人将通渠之日立为圣日，定为通水族节。每年春至时分，希人必载歌载舞，庆之贺之，拜谢天帝，念恩先人。

后通水节成为希人大节，沿袭千年。[①]

希人修筑大渠，经年之间死伤无数，后列入族谱族册，传于后人。

第七章　布人伐希

第一节　犀水枯竭

布人所居犀水之畔，犀水清湛充沛，育养世代布人。自希人掘渠引水，犀水日渐枯竭，田地荒芜，草木凋零。

第二节　布禹寻水

天历一百九十九年，布王布禹率骑士三千，溯犀而上，查寻水况。犀河宽大，然止剩浅流细水，河底泛露，车马可行。布禹行军于河床，途中常有人马掉队。年老骑士体力不支，不到半月

① 节期之俗是人类文明演进中一个十分重要的现象。节期往往是对民族重大历史事件的纪念，随着时间的延续而沉淀成俗，后人在过节时，既是对先人的纪念，又是对民族历史的回忆。节期是对民族意识的周期性提示，作为重要的文化符号，不同节期有不同内涵、指向，不可一概而言“节日快乐”，有些节期须静默、缅怀。

掉队者近半。

为避烈日暴晒，布禹率族人白日歇息，夜晚披星前行。皓月当空，战马嘶鸣，队列蔚为壮观。行至第十八日，正当众人午歇之时，先行骑兵回头禀报，前有草木渐盛，似闻流水之声。

夜幕降临，布禹与众族师议事，隐有涛声传来，众人难抑兴奋。布禹召唤集结，众将士抖擞精神，乘凉爽夜风整装进发。

是夜悬月如昼，星光耀眼。布禹众人拍马前行，白马争先，黑马不让。

前行二十里，突见硕大圆形石堆矗立在前，上有大旗招展，周边灯火隐现，散落林间一片。布禹喝停众人，派兵前去侦探。

（图30　白马争先，黑马不让）

第三节　犀水易流

两时辰后探兵返回，详细禀报所闻所见。原为希人在此凿渠筑坝，将犀水东流之向易为向南而流。犀水南流，致布人所居东北之地有河无水，有水无源。

希人在此依山就水筑屋设寨，分居三处，一处人众，两处人寡。人众者为首领所居，背靠圆泰，地势居高临川。另两处散居人稀，分处两边。

第四节　合歼希人

布禹与族师商议，趁希人不备，突袭希族首领。另派两队兵马，围毙两旁散居希人。

布禹一声令下，众将士冲杀过去，见人杀人，见屋烧屋，一时哭叫一片，火光冲天。希人无防范，十之八九旋即被歼，余下皆成布人之虏。

第五节　换旗改流

布禹派人攀圆泰，欲摘希人族旗。士兵攀至大半即失手滚落，伤者过十，死者有三。几费周折终有布兵攀顶，扯下希人族旗，置换布人天虎青旗。

东方日出，山川清亮。布禹率众人面东而跪，感恩布帝，祈福族人。眼望滔滔清水向南而去，布禹率族人搬石运土，誓欲截流堵水，改流向东。

布人合力运石筑坝。然大石小石落水即没，不见成效。众人心机费尽，合议砍伐大树，以木筑坝，磊石固坝。众人试之，果然生效。然未及心悦延久，有湍流涌来，木石立时全无，坝上工匠亦被卷没。

数月下来，布人竟损失有半。眼见水流湍湍，布人无奈，惟有望水兴叹。天帝赐犀水与布人，犀水何以不东流？

第六节　天意难违

布曲乃布人大族师，天象地理古往今势，无所不知。布曲翻查经书，观象测地，思揣多日，终明天意。

布曲劝谕布禹王，天意难违，犀水既已南流，已成难阻之势。天水普济众人，布人须舍独贪之念。一意堵之，徒劳无益，与其死堵，毋如导疏。

众人信之，遂沿犀水故道，重凿渠口，分水而流。不多时日，犀水重归东流，流口愈冲愈大，及成汹涌之势。

自此犀水之流一分为二,一沿故道向东惠泽布人，一支向南泽济希人。然希、布两族由此结怨，百年不解。

第八章　福祸相转

第一节　返归故里

布禹终成复水之业，遂率族人并战俘归返故里。自探水以来，布人已损将士十之七八，存活者不足千人。所虏希人男女上百，皆以绳索缚之，连成一串。

布禹出巡初时，河道干涸，虽有河沙卵石，然行进不难。现河水清澈滔滔东流，众人心中愉悦，然脚下归途甚艰。众人沿河岸披荆斩棘，踟蹰前行，进速甚缓。

一日行进途中，突遇暴雨雷电，白昼瞬转黑夜。众人只得停歇，躲于崖壁之下。暴雨一昼一夜未息，及至次日黎明，方见雨住云开。众人从崖下走出，欢呼雀跃，欲整装再发。

被虏希人绳索捆绑，行走尤艰。纷纷恳求布人除绳松绑，以便前行。士兵秉报布禹，布禹不允。令官集合众人，希人专列一边。

布禹登高，对众人曰：

> 布人重得天水，乃布帝神恩所赐。布人伐希而胜，全赖布帝所助。天水已抵布人家园，祖地乡里必是枯树发芽，遍野开花。布人蒙天恩，日后必是江山万里，世代旺盛。

众人欢呼，群情高亢。

第二节 天有不测

天有不测之变。话音未落，布禹所立矶崖突然晃动，瞬间坍塌。未及侍者扶救，布禹连人带马堕入深渊。众人惊慌无处躲闪，转眼皆沉大河，掀起狼烟一片。

（图 31 矶崖坍塌，狼烟一片）

跌水人马拼命挣扎，多为湍流吞噬淹没。惟被俘希人绳索捆绑，反被河礁古树缠绕。力壮者先自挣脱绳绑，再将水中同胞一一解至岸边。希人惊魂未定，庆幸之余，眼见布人尽被大水卷没。

希人老幼相互搀扶，跋涉百日，终归希族祖地。

第三节　水多成患

丘山之傍布人故地，自布禹率兵外出探水，族人每日翘盼犀水重流，亲人归返。待见犀水流来，布人无不喜悦，亦知禹王归期不远。

孰知天降大雨，犀水暴流，直把河边屋舍淹没。布人四处鼠窜，或逃至岸边高坡，或攀至山岭凸地。老弱妇孺多被冲走，伤亡者不计其数。布人盼水，有水得福，水多成患。

尤使众人惊骇者，不时有死尸顺流漂下。虽面目不清，然依服饰而辨，死者非布人骑士莫属。布人心怀悲痛，打捞尸首逐一掩埋。

时过良久，布禹引水之难方为族人明悉。族人泣之歌之，代以诵传。

第九章　兄弟阋墙

第一节　秋实节庆

耶人自先祖遭大风灾，避海三百里，连年拓荒开垦，渐以耕种为生。所种作物有小麦、荞麦、红粱、黄谷，亦有沙果、黄梨、山枣、椰枣。有人擅养禽畜，近水者养鸭鹅，远水者养牛羊。

仲秋粮谷丰收之际，耶人即行祈福族祭，欢庆秋实之节。秋实节乃耶族大节，始止持续七日，期间族人歇息停工，不再劳作。

秋实之节择秋日月圆之夜，以巨石筑八丈高台，以台为央，众人围绕欢庆。高台径约二十丈，方底圆体，逐级渐小。

全族各支按辈序奉献供物，粮谷果蔬应有尽有，尽选佳美之物。心诚者得山神悦纳，亦得族人祝福，来年必得回报。偶有心私不舍者，族人必唾之，家人亦不允，来年必遭灾受罚。

夜幕降临，族人环绕祭台，牵手歌舞，周边篝火通亮。祭司长依辈份序列点唱各支各家名目，由远及近，由卑至尊。点叫声落，即有人应。被点支族由族领手捧奉物上前，依序置于祭坛，由低递上。每献一物，皆引来喝彩击掌。有族领年迈不支，便有侍人携持搀辅。

第二节 香桂花环

耶人十族四十八支逐一献奉。愈往后者，献物愈丰美，喝彩之声愈烈。每年皆由祭司长合众评议，献物至佳者为冠，可得族长颁佩香桂花环。

耶菲力为耶人十族之大，自选冠以来，冠者非其莫属。故每次殿后出场者均为耶菲力。耶菲力出场必招大喝彩，所献祭物纵与兄弟诸家伯仲不分，祭司长合议，亦将香桂花环颁予耶菲力。

第三节　兄弟竞献

今次耶族各支经年累积，皆欲祭奉精美献物。耶郁里为耶族次兄，为人公义，劳作勤勉，甚得族人拥戴。虽连年未曾得冠，然甚获期待。

祭司长高唤耶郁里，众人骚动一片。但见耶郁里率大小两子，三人合抬硕大木筐登场。筐上置精巧托架，架上布满谷粱，谷粱依翠绿、金黄、赤红各色分圈堆放，煞是美观。再见谷粱之央托架之上，立丹顶白鹤一只，白鹤颀顶丹红，颈长且直，羽洁无瑕。白鹤双腿细长，双翅轻展，两目环视，似与人语。

众人见之目瞪口呆，不辨实幻。片刻静默，喝彩之声响起，如雷震天。耶郁里置好献物，向族人作揖致谢，环拜四周。

长兄耶菲力殿后而出，众人甚有期待。耶菲力率两子抬上奉物，众人见之大失所望，四围嘘声一片。原耶菲力奉物仍不外杂谷鸡鸭之类，与往年无异。耶菲力面红耳赤，久伫呆立，顾左右而无所措。

第四节　花环易主

众人齐叫“耶郁里，耶郁里！”祭司长匐卧族长跟前，与族长耳语。祭司长回眸张望，众人仍是齐叫“耶郁里，耶郁里！”祭司长复与族长耳语，族长摆手示意，众人立静下来。

祭司长起身站于祭坛中间，众人鸦雀无声，惟有篝火呼呼作响。祭司长高声称颂：

“耶帝赐恩，耶人得享。耶人奉物，耶神皆有悦纳。”

众人一片欢呼。祭司长清喉提声，手举香桂花环。停息片刻，高声宣告道：

“耶人奉物，各有所长。是次祭献，至受耶帝悦纳者——耶郁里！”

语音未落，四周响起“耶郁里，耶郁里！”耶郁里甚喜，跃上祭坛。族长起身近前，亲将香桂花环佩挂于耶郁里。耶郁里跪拜谢恩，众人欢呼。

依耶人族规，耶郁里即成各支之首，同辈之大。众人狂欢，耶菲力沮丧，恼羞离去。

第五节　耶族内讧

耶菲力族人自此妒恨耶郁里一族。耶人不再平息，族内兄弟纠执不断。是年冬至之际，耶菲力率人侵入耶郁里家园，火烧屋棚，斩杀眷人。

耶人十族四十八支各有偏倾，耶族内哄内损，引遭异族觊觎。

外患始于内忧，族争千年不断。[①]

第十章　撒人争女

第一节　倾国之美

撒人居地北有魏山，西有乙山。两山为屏，烈风难吹，猛兽难袭。南面慈水，东临田湖，渔米丰硕，乡伦有序。

撒詹有独女名丹伦，貌若天仙，似天女落凡，不识人烟。丹伦之美倾族倾国，远近老幼无人不晓。

第二节　族王好色

族王撒仝好色爱美，曾拥宫妃三千。此时年已老迈，止能卧榻仰天，偶唤美媛榻前漫舞，聊饱眼福。每遇靓佳媛，族王即昂奋，双目泛异光。族内立有族规，天下美女均须举荐进宫，先供老王过目，凡王中意者皆留宫内。

此例所兴已久，撒仝诸子多有抱怨，然慑于父威终不敢言。

老王几近昏痴，然权柄死握，不愿传子。尤命族人，凡涉美

① 此节言耶人族内之争，族内十族四十八支各有偏倾。族内之争常起于争宠、争位、嫉妒、争财等因。

女金银之事，必其躬亲而为。故此长子撒寅未得承传之位，兄弟五人亦未臣服撒寅，尤以二弟撒带为甚。

丹伦年满十四，既行成年之礼。族人依规将其带至王前，众人围观。乐起之时，两佣引行，丹伦缓步移至王榻之前。虽粉黛未施，却玲珑天然。丹伦仙气四溢，观者无不屏气凝神。

老王似被仙女之气袭击，竟能举颈盯视，目光炯然。端视良久，老王欲语不能，忽现孩童孺笑，又似老狼贪煞。持续半晌，王体不支，精气耗尽，头垂落枕。

撒寅、撒带观于一旁，一身冷汗，父王倒卧方得舒缓。宫臣宣告礼毕，丹伦退下返回。撒寅、撒带目送丹伦远去，直至倩影不见。丹伦欢喜，家人窃喜。

第三节　兄弟提亲

次日日头升起，撒詹门前突起喧嚣之声。撒詹出外细观，一队人马由东而来。原是撒带当先，率侍从赶至门前。撒带恭敬有加，下马跪拜。撒詹惶恐，赶紧回拜。撒带端扶撒詹，众人缓缓起身。

撒带曰，族王选妃已过，昨夜梦得父王允谕。撒带今依父谕，前来提亲，改日可择良辰佳时，娶丹伦入室为妻。

话音未落，一袭人马由西而来。众人望去，原是撒寅赶到。撒寅见状，心中全然明了。不由分说，旋即拔出宝剑，怒向撒带。撒带并不退让，立马起剑以对。

第四节　以剑为语

撒寅大声吼叫，以兄长之尊，丹伦应归其属有。撒带以弟之序，何以抢先在前？撒带辩称，父王既无属意，已梦谕撒带，丹伦归带乃父王之意。

撒寅斥其无理，变乱尊长之序。兄弟互不相让，以剑为语。两队人马见状，一一捉对厮杀。撒詹家人吓匍在地，不敢正视。

（图32　兄弟以剑为语）

撒寅、撒带后援人马皆众，分东西两向蜂拥赶至，山坡上下杀声震天。直至夕阳西落，杀声方渐平息。但见血流成河，陈尸遍野，撒寅、撒带倒卧其间，完尸不见。

第五节　撒弗继位

半载之后，老王寿终正寝。三子撒弗继位，时年二十有二。然撒弗体雍智昏，全靠臣宦辅佐。丹伦被纳入宫成撒弗之妻，然枉为王妃，不得撒弗珍宠。

撒弗虽获继位，兄弟撒升、撒齐诸人并不诚服。撒人隐患深埋，恩怨情仇盘错，终难平安宁顺。

第十一章　天使巡望

分族以降，族族相争，未有停息。立教以来，教派相对，未有消減。族教之内，亦争斗时起，少见平息。

自开天创世，天帝常遣使者人间巡望，百年大巡，十年小望。天历三百年秋，天帝遣使者落凡巡望。见人间四处纷乱，满地争战，天使心忧神伤。[1]

天使禀报天帝曰：

天下族人，同为天生。分处异地，水土万千，各不相同。天有冷热，地有燥湿。劳有渔耕，作有狩牧。各族习性渐分，族统渐变。众人居山不食山，依水不食水，而尽坐山望水，

① 此处以天使旁观者之眼，概言人世间族族相争、教教相对、满地争战的惨烈史实。

拥水望山。

天帝回曰：

天下众生，自大为源，心争为根，物争为本，舍命求多。人之生途，族之道统，迢遥曲折，此起彼伏。[①]

灵道既赋人，冀人以身载道，以灵制欲。人自修为，族自承续，何去何从，可续观续望。

天帝既造人，自可制于人。天帝何制人，自依人修为。[②]

天使闻之，心有释然。后不时巡望，观世察人。天帝之使无所不在，人间世事了悟尽然。

---

① 此处以天帝回复天使之语，界说争战的根源，即："自大"为争战之"源"，"心争"为争战之"根"，"物争"为争战之"本"。

② 此处表明两点：天帝赋人灵道，寄望于人的修为；天帝既然造了人，自然可以制于人。

卷七　承续

文明的演进是一个承前续后的过程，从婚俗嫁制、道统族规、民习民俗到治家理世等等，似长河一般源远流长、蜿蜒曲折，在一脉相承地流变中，既有生发壮大，也有陶冶吸纳，更有适势而变。

第一章　各族清数

第一节　雅人清点

雅人几经灾患，终在猶山、瑞水一带盘营生息，逐年壮大。至天历二百六十二年，先王雅罗十子所衍后人，九子九族完好延续，惟七子雅塞一族走失，不知所去。九族之中以长子雅曲为大，九族拥雅曲为王。

雅曲王命各族清点人数，男女老幼按类分数。各族磊石为记，各家携石会聚。能工者为成人，以拳大之石为标。哺乳蹒跚者为幼童，以小石为记。石分阴阳，光凸向上者为阳，以兹为男。贴地湿潮者为阴，以兹为女。各族按人磊石，大小不等，阴阳有分，堆连成片。

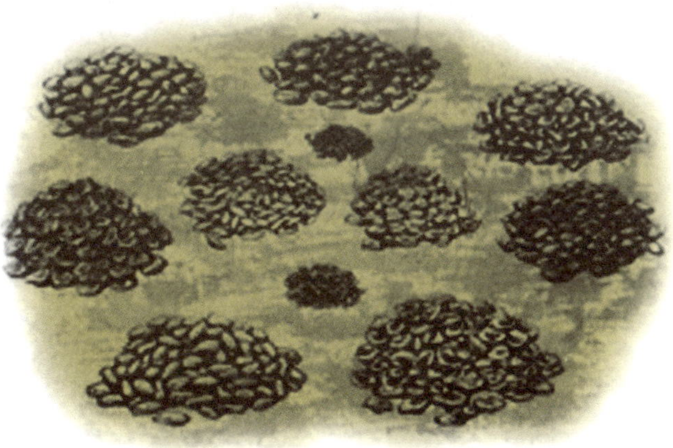

（图 33　清点族人，磊石为记）

第二节 智师创符

雅曲派智师分类清点，计数汇总。智师乃族中超慧之人，得天启悟，可上观天象，下识地理。智师初以刻痕为记，或以石版刻之，或以竹木刻之，或以牛骨龟甲刻之。后以画符为记，男女有异，老幼有分，多寡有别。智师创符，众人仿效，逐族相传，遂约定俗成。

凡日月星辰、天地河川、牛马鸡犬、屋舍耙镐，皆有符图具表，各有音声相对。至于衣食劳作百工诸事，喜怒哀乐七情六欲，亦各有符表。天地事项，以连符而表征，连数而推演，经年演进，及至精深。有智士专事数理之术，数数相累，增减依序，律位上阶，可至无穷。①

（图 34 智师创符）

① 此处一讲“字符”，二讲“数学”。字符由智师得天启而创立，众人仿效，约定俗成；有智士专事数理之术，“数学”得以精进发展。字符与数学是文明演进中具有里程碑和标志意义的事项。

第三节 各族人数

智师清数，雅人各族人数如次：

雅曲嫡族人数至多，计三万三千五百七十一人；雅非族计二万八千三百一十三人；雅安族计一万九千六百二十人；雅东族计二万一千三百三十二人；雅和族计二万二千零二十九人；雅代族计一万六千四百五十四人；雅石族计八千七百五十五人；雅目族计一万三千一百八十人；雅月族计七千八百二十六人。

雅曲全族计一十七万一千零八十人，其中男人八万五千九百一十一人，女人八万五千一百六十九人。

函、希、雅、耶、撒诸族亦各依其法，清点族人。

函人全族繁衍旺盛，至天历二百六十年间，全族已有三十二万三千余人。

希人全族九万四千人。

布人一十四万五千人。

耶族外灾内患不绝，止有六万一千人。

撒人计有一十三万二千人。[①]

---

① 最初的人口统计，涵盖了各族。

第二章　婚俗嫁制

第一节　雅人婚制

雅人九族脉传有序，婚制谨严。雅人规定：

不可与外族人通婚。凡与外族人通婚者，必从族内剪除，其父母亦必从族内逐出。

不可与父母通婚。凡与父母通婚者，无论父母、儿女，皆要遭乱石击杀。水不可倒流，女不可嫁父，子不可娶母。

兄弟姐妹不可通婚。凡通婚者必遭棒打一百下，棒打不死者，可救治疗伤。同父异母同母异父兄弟姐妹不可通婚。表兄弟姐妹可以通婚。

男人不可与男人通婚，女人不可与女人通婚。男人不可做女人所做之事，女人不可做男人所做之事。凡男人同男人通婚，女人同女人通婚者，须棒打三百下，棒打不死者可救治疗伤。日后如若再犯，加倍棒打三百下，棒打不死者不可救治疗伤。男人与男人通婚，女人与女人通婚，必致阴阳失序，此例若开，日后泛滥，人孙必亡。

人不可同牲畜禽兽通婚。凡与牲畜禽兽通婚者，必遭乱石击杀。牲畜禽兽未经天帝涮洗，人若与之通婚，必染异病，必生怪胎。怪胎既生，必乱伦序，遗害大矣。

人不可同自己通婚。无论男人女人都不可与自己通婚。

凡与自己通婚者，必棒打五十下，不可打死。棒打五十下者，可致作祟之物从体内逐出。

如属阴阳之人，就是身有男女两性之人，亦不可与自己通婚。阴阳之人身有两性，实为初人影现，未经天帝再造。可以石刀铁刀割切，割切存活者，同天帝所造男人女人一样，适为中人，可男女通婚。[1]

第二节　函人婚制

函人规定：

男人可娶多个女人，女人不可嫁多个男人。男人娶多个女人，后裔子女繁衍增多，父源延续，像貌可辨，族伦有序。若女人嫁多个男人，所生之子父源不分，族脉不清，必致混乱。

函族男子可娶外族女子，函族女子不可嫁外族男子。函族男子娶外族女子，必给函族繁衍后代，传函人血脉，长函人模样。如所生之子像貌类同异族之人，函人祖业就不可传他，必再生产，祖业必传函人像貌者。

若函族女子同异族男子私奔，须将女子从函人中剪除，

① 婚俗嫁制是各族形成的关于男女婚配的制度规范，有鲜明的民族、时代印迹，反映了历史上各族生存与传承的特定要求。此处所言雅人的规定，包含了异族关系、伦理、信仰、传统，甚至提到了“同性婚”、“自婚”等问题。

要往女子父母身上泼倒污水三十天，以承照管不尽之责。如女子有姐妹未嫁，须将姐妹看管起来，脚缚石锁，以防其姐妹私奔。

男人如果亡妻，要选妻子平日喜好之地，安葬妻子。待妻子坟墓长满青草，青草一尺之高，即可再娶新妻。

女人如果丧夫，要选丈夫平日喜好之地，安葬丈夫。待丈夫坟墓长满青草，新栽小树长出两次新芽，方可再嫁。

再嫁男人须是先夫同胞兄弟。如果先夫没有同胞兄弟，可嫁先夫堂兄堂弟。如果先夫没有堂兄堂弟，只可再嫁先夫同姓同门男人。因女人已跟先夫之姓，就不能再嫁外姓男人。[①]

第三节　希人婚制

希族规定：

希族女人嫁至男家，若一年四季过后仍未怀子，男人就可另娶女人，女人也可另嫁男人。希人在雅人、函人周边人数最少，要多多繁衍，使族人布满全地。

希族女人不可同时嫁多个丈夫。

女人改嫁新夫后，不得再留恋前夫，不可再进前夫家门。

---

① 函人的婚规与雅人有同有异，特别强调了对“父源”的延续。这在早期对于保持族群的纯正性是非常重要的。

如果进了，前夫须将她赶走。如果收留，像原先夫妻一样，现夫有权棒打她。也可棒打妻子前夫，前夫现妻也可棒打她，或棒打自己丈夫，被打者不可反抗。

第四节　族各有制

布人、撒人各有婚俗嫁制，与雅、函、希各族有同有异。

各族婚俗嫁制多经沿袭流变，破戒违规者时有其例，然大统延续，千年不变。

第三章　王子公主

第一节　王子遇公主

雅王子雅荣时年十八，英俊威武。

一日雅荣外巡，来至一处界山，山前有河，对岸为希人居住。行至溪湾浅畔，忽闻少女嬉闹之声传来。透视水边苇草，惊见少女七八，正于水中沐浴嬉戏。

少女环绕一圈，忘情泼水戏闹。圈中一女子肌白如雪，发髻高耸，玲珑身躯隐而显见。美女貌似天仙，实为希族公主，名曰希玛。

（图 35　少女嬉戏图）

雅荣注目良久，全然忘记周边。王子惊诧不解，人间之女何以如此美艳？竟为凡人尤物，抑或天外来仙？雅荣几欲近观，专注张望，口角垂涎。

雅荣忘情之举，惊动水中少女。少女惊慌失措，护拥希玛往岸边逃去。少女出水登岸，妙曼身躯裸露无遗。众女匆以裙纱遮体，逃入林丛匿藏。

穿饰完毕，众女方敢定神观望。但见雅荣立于岸边，身躯挺拔，器宇轩昂。希玛不及细望，即被女佣簇拥逃离。

第二节　情不能禁

雅荣回至宫中，一夜未眠。次日天亮，雅荣急返旧地，然人迹全无，惟溪水缓流，岸柳轻抚。一连六日，雅荣皆失望而归。

第七日雅荣如常巡视，只是心中不抱期望。然途经美女沐浴处，仍情不能禁，不时伫立寻望。

第三节 再遇希玛

日头西落之际，雅荣率人归返。行至半途，巧遇人马一队。来者惊慌躲避，不知所措。雅荣士兵将其围住，定睛细看，除两名持械者为男，余者皆为年轻女子。

雅荣下马近前，认出立于其中之人正是公主希玛。希玛亦辨识眼前青年，曾于溪畔相见。

雅人责问希人，何以行至雅人领地。希人尽述原委，公主只为寻鹿而来。原希玛养一宠鹿，宠鹿遍体赤红，金斑点缀，举世无双。是日宠鹿顽皮闯祸，遭希玛训斥，遂走失于山岭丛林。希玛心焦遍寻各处，不觉行至雅人之地。

不容多言，雅荣命人将来者带回宫内。侍从缴下希人枪械，将人悉数押回。雅荣训诫手下，勿对希玛动粗。

第四节 善之以待

希玛带至宫中，雅荣善之以待，三餐奉以佳肴。然希玛愁思烦恼，茶饭不香。希玛与爱鹿多年相伴，情同手足，心有灵感，一日不见，犹坐针毡。希玛被困雅宫，朝夕嚷叫，片刻不宁。雅荣见状，屡派手下四处寻鹿，以图希玛欢心。

希玛人在雅宫，心在父家。年纪十之有六，从未离家独居，更未身处异族他乡。数日下来，希玛日渐消瘦，愈发暴躁。雅荣只是倾心照料，百般取悦。

多日寻鹿不果，雅荣亲率随从外出。几经周折，终有所获。原宠鹿误入丛林，荆藤缠身，不得走脱。雅荣寻获之时，宠鹿已遍体鳞伤，奄奄一息。众人小心翼翼剥荆断藤，始将宠鹿解救脱难。

雅荣急速返宫，将宠鹿带至希玛面前。希玛眼见所爱，甚是喜悦。又见宠鹿遍体鳞伤，心中不免疼怜。宠鹿见希玛亦亲热异常，扑身拥怀，不停舐舔。

爱鹿失而复得，希玛开心愉悦。雅荣亲派御医照料，不出一日，宠鹿复又欢蹦欢跳。

第五节　欲联异族之姻

雅荣欲向希玛提亲，首遭族臣反对，更遭雅王不允。雅族有规，雅人不得嫁娶异族之人。凡与异族之人通婚者，必从族内剪除。而今雅人王子欲同异族联姻，父王、族臣何以应允？[①]

① 此部分演绎了男女爱情与族规、族例相冲突的史例。

第四章　雅荣决绝

第一节　不能自拔

雅荣陈表父王，满心倾情希玛，横竖不能自拔。若能得娶希玛，希玛即作雅人之妻，可传雅人血脉，于雅人何损之有？

父王听后暴怒。只因雅人世有前规，代有定例，承续久远。现雅王子欲破先规，此例若开，族人将无规以循。族人无规，族统不续，害莫大焉！

雅荣跪拜父王，抽出王赐宝剑，剑柄呈王，剑锋向己。众人大吃一惊，莫不惊慌失措。雅荣之剑为雅王所赐，雅族权柄象征。持剑者雅荣一王之下，万人之上。宝剑出鞘，或有生杀大事，或在雅族紧要关节。

按雅人之俗，雅荣剑指己身，意表决绝。众人见状，无不匍匐跪拜，不敢举头望视。

父王见状，既惊且怒，半晌不能言语。老王年事已高，雅人大业全寄雅荣承续。如今雅荣倾情外族之女，竟作决绝之举，实令老王七窍生烟。

第二节　雅王不允

半晌之后，老王缓过神来。王以悲愤之声言道，除非老王闭目死去，除非雅神天意所嘱，雅王决不应允雅荣破规。

众人惊骇，鸦雀无声。雅荣跪拜不起，泪如泉涌，地湿一片。众人观之，无不动容。有族臣欲向雅王谏言，欲语又止，无人敢前。有族臣欲劝雅荣回心转意，欲劝又止，几次三番。

士兵带希玛至王前，人群一阵骚乱。有人高呼“斩杀”，远近应声，此起彼伏。

雅荣怒吼，何人敢动！话声未落，立时静寞。希玛周身颤栗，偎依雅荣身旁。雅荣、希玛双双跪拜王前，老王一忽抽搐气喘，一忽呆若木鸡。

第五章　滚石极刑

第一节　令牌昭众

时过半晌，雅王回过气来。老王颤抖起立，缓步移向身后令壁，令壁挂满令牌。凡涉族人大事，雅王即以令牌昭众，全族上下无不遵践，纵赴汤蹈火亦无人敢违。

众人屏息凝气，注目老王。雅王伫立壁前，移目扫视，许久未见手动。女仆搀扶在旁，见雅王老泪纵横，襟湿一片。

老王猛然趋步向前，手抓大刑之牌，转身目视众人，全场惊叹一片。雅荣见状大惊，紧拥希玛不放。雅王将令牌抛下，众人细看，原为石刑大令。众人无不惊呼，唏嘘哀泣之声四起。

石刑乃滚石极刑，为雅人三大命刑之一，余者为除首、裂躯。自雅族立规以来，受石刑未有可侥幸活命者，且死状甚惨。有言曰，除首为爽死，石刑为煎死。有受刑者自选，宁以爽死为快。

雅荣、希玛相拥而泣。雅王昏厥倒卧，宫内一片慌乱。

第二节　行刑

翌日日头东升，族人早起。依雅王之命，按刑制刑规，众刑手将十块巨石依次置于高崖，预备行刑。

崖下设迎石台，即固身台。四条固身绳索依序排列，紧固于石台四角。因受刑者为族王子，刑官刑手各怀恐惧，各喝烈酒两碗，以壮心胆。

日头高升三丈，刑官发令，石刑将行。刑场四周簇满人群，雅王已被抬上观刑高台。四壮汉携举雅荣登上迎石台，粗绳大绑，依北东南西之序，逐一缚牢固身。被缚雅荣立于台中，纹丝不能动。

刑官高高举起令牌，环场一周，昭明众人。正欲落牌行刑，天空黑云密布，霎时电闪雷鸣，风雨大作。只听刑官大喝一声令牌落地，崖上数十大汉猛力拉开石销。

第三节　巨石落高崖

巨石落高崖。眼见雅荣变身肉泥，一阵飓风袭来，吹倒人群一片，吹飘巨石旁落。刑手腿脚被砸，四周观者惊跳，雅荣竟然未损毫发。

（图 36　石刑飓风）

眼前景象，实令众人难以置信。

雅王见状，不禁起身前观。雅荣睁开双眼，周身缚绑松落。

众人欢呼，天佑雅荣，奇迹天降！

第六章　守规破例

第一节　王发判令

经石刑而不死，雅荣为首人。有众臣上禀雅王，为雅荣求情。

雅王三日思而不眠。及至第四日，终发判令，雅荣经石刑而不死，乃天佑雅荣，幸可活命。然族规道统延年已久，坚不可改，圣不可易。雅荣须对天指誓，永守雅人族业。雅荣须向先人谢罪，永延雅人族统。雅荣须向族人谢恩，永传雅人血脉。雅王亦当谢罪谢恩。

第二节　谢罪谢恩

雅王声落，雅荣即环周拜谢，谢天谢王谢族人。未及众人回礼，只见雅荣抽出宝剑，剑起臂落，左臂飞出三丈之远。

众人惊愕，未及回神，只见雅王屏气凝神，一声爆响，口喷鲜血，倒毙于王座之上。

老王驾崩，雅荣继位，遂成独臂雅王。

第七章　雅希之约

第一节　希王焦虑

自希玛走失，族王希尼果焦虑万分。遣人四出找寻，遍寻山野不见踪影。有百姓禀告，见希玛一行往雅人方向走去。后有音讯传来，希玛为雅人所掳，禁闭雅宫。

族王希尼果派使者探情，月余未有音讯。希尼果未敢妄动，自知希人寡弱，难敌雅人。

希王日渐憔悴，日日召集族师商议。有族师反复宽慰，公主聪慧善良，定会平安无恙。有族师提议，召族内壮兵，或强攻或偷袭，不可坐受其辱。族王权衡再三，踌躇难定。

第二节　雅使传讯

一日希尼果所派两使突然返回，且伴三名雅族使官。五人按希人礼俗，行礼敬拜族王。使者禀告，公主一切安好。族王急询详情，使者一一作答。使者详述雅族变故，尤述雅荣、希玛逆天奇爱。

听闻雅荣欲娶希玛为妻，希尼果大为暴怒。众将士拔出长剑，直指雅使颈项。雅使急叫且慢，高声禀告，雅使如遭不测，公主命将不保。

众人未敢妄动。僵持良久，希尼果发令，将雅使三人收押。

希尼果会族师连夜商议。

翌日希尼果命将雅使押来，令其速速返回，传信函两札，分致希玛、雅荣。竹函各封泥箍，他人不得私看。希人将雅使送至族界，松解其缚，雅使旋即赶回。

希玛见函，如晤父面，即刻泪如雨注。随佣附其悲咽，呼诉归家。父函除致慰怀，旨要希玛速与父王会面。希尼果致雅荣函，首表愤懑，再谴无理。希尼果要雅荣善待希玛，速放希玛归返。

希玛催促雅荣，期盼早与父王会面。雅荣遣人回复，相约三日之后日出之时，于雅希界河相见。雅希两族之间，半为山脊相连，半为界河相隔。界河宽约百丈，中有洲岛，人称双峰洲。平日人迹罕至，每遇族争，两族常于此地交涉。

第三节　族会洲岛

双峰洲长约三百丈，阔近百丈。因矗立两处石峰，左右相伴而立，故曰双峰洲。洲上少花草多石砂，河水经年冲刷，时现晶莹宝石，红黄翠青各色均有，五彩缤纷，甚为悦目。

因洲处阔江之中，洲边水流湍急，登洲甚难。偶有登洲淘宝者，多溺水而亡。

三日后，天黑未亮，雅荣已率将士行至河边。希玛兴奋异常，一夜未眠。望对面河岸，隐约有灯火闪现。

日头升至旗杆之高，雅荣命手下擎起雅族赤旗，左右飘摆三次，以示族礼。对面希人擎起蓝色族旗，上下举动三次，以族礼相回。

两族相约，雅荣携希玛并十员随从登洲，希尼果携希玛之姊希丽并随从十人登洲。余者立岸遥观，不得近前。

两族人马各乘其舟，相对而来。两舟同时近岸，两族人马急至双峰之间。两族旗手旋即攀上左右两峰，将族旗高矗其上。

未及雅、希两方行礼，希玛旋即扑见父王。希尼果老泪纵横，父女抱作一团。希尼果突拔长剑，将希玛掩于身后。雅荣迅即抽出宝剑，迎刃向前。两族将士见状，一一刀剑相对。希玛、希丽相拥一旁，悲喜交加。

希尼果年已老迈，刀枪相见已非雅荣对手。雅荣随从个个人高马大，身怀绝技。希尼果所随将士亦百里挑一，绝非等闲之辈。

第四节　提亲对语

雅荣曰：

今日如约晤面，无意刀枪相见。惟应希人邀约，以成希玛之愿。

数月而来，雅荣善待希玛，公主毫发未损。雅荣倾慕希玛，历经千辛万难。冒生死而舍一臂，方得族人应允，可娶希玛为妻。

今拜见希人族王，恭表雅荣之愿，万祈族王应允成全！

希尼果怒目以视，斥曰休想！

雅荣曰：

雅荣心意已定，死而不弃。若得希尼果应允，凡所提之事，雅荣无不可应。

希尼果听罢，半晌不语。后曰：

你能使日头由西而起，从东而落？

雅荣默而无语。希尼果曰：

你能使白昼变转黑夜，黑夜变转白昼？

雅荣默而无语。希尼果曰：

你能使河水倒流，从低向高，使河鱼上天，飞鸟入水？

雅荣默而无语。希尼果曰：

如此这般你皆不能，何使希尼果行不能之事？何使希人公主违心成雅人之妻？今日相约，或使希玛归返，或是你死我活，刀枪相见。

众人分处两边，个个怒目以对。

河水似静止，众人不呼息。

第五节　希玛求告

希玛突大声嚷叫，愿嫁雅荣，愿作雅荣之妻！

众人大惊，希尼果错愕万分。

众人松弛刀剑，转视希玛。希玛曰：

父王多谅，且听希玛细言。

希玛别离父王三月有余，无日不思父王，无日不念族家。希玛居雅人之屋，食雅人之餐，睹雅人之变，无日不受雅荣恩待，无时不受雅荣眷护。雅荣经死而不弃，断臂铭意，希玛何求之有？女已长大成人，心有决意，愿嫁雅荣，亦免雅希族争之灾，切求父王应允！

言毕，希玛跪于希尼果之前，不再话语。其姊希丽上前搀扶，希玛不起。希丽转求父王，见希尼果半晌不语，亦伴跪希玛身旁。

几经僵持，几多争拗，几番踌躇反复。

希尼果终心动，应允希玛之求，成全希玛、雅荣跨族姻缘。

第八章　雅希联姻

第一节　族婚大礼

雅希两族订联姻之约，雅荣、希玛行族婚大礼。雅荣依希人习俗，向希玛跪拜求婚，向族王并希族众人起婚誓。

希尼果赐颁恩准牌，将嵌有族长饰徽之檀香御牌，赐予雅荣。雅荣得允后，向希尼果敬呈金银珠宝十箱，并依雅人之礼，敬献百匹红马。

雅人依雅族之规，为雅荣、希玛行大婚典礼。成婚当日，族人休工同乐，雅宫内外一片喜庆，到处张灯结彩。

第二节　两族践约

依雅希两族之约，雅人将雅希界河之双峰洲、花洲、墨石洲，及原属雅人之东岭地，划归希人耕作居用。雅人可藉希人居地通商贸易，与异族交通不再绕行。

此后多年，雅希族人渐多往来，民间通商结缘者不在为少。每逢节庆之日，两族之人同欢同乐，有悬挂红蓝两旗者，有将红蓝两彩合为一旗，成红蓝双色之旗。

岁月流转，世代延绵。后雅希两地接壤处，联姻合族之人事渐多，蔚成风气。族规族俗亦多有杂合，与雅希本族各有同异。后渐成一脉，称曰嘉人，意为雅希合和之人。

雅希联姻结好者多，要者如次：雅连与希坤，雅尼与希甬，雅宁与希晋，雅严与希得，雅闽与希济，雅訇与希月。

第九章　结好复恶

第一节　雅宁好剑

雅宁为雅人一支，居山临川，骁勇善战。所邻希人为希晋一脉，族领希晋仁德宽厚，聪慧慈爱。

雅宁剑法了得，有晨练午战之习。每日晨时约剑师二三，依雅祖剑法逐式研练，风雨无阻。雅祖所传剑法形意兼备，意到剑到，以速致力。雅宁自幼习之，剑师之外无人能敌。雅宁屡放言，盼以剑会友，剑术超宁者嘉以重奖，可官至臣爵，另配美女，加赠牲畜。

雅甫获封佑爵，即为雅宁所赐。雅甫剑法高强，昔时与雅宁比试，剑师评判伯仲不分，剑术相当。雅宁遂兑现其诺，封雅甫为佑爵。后无人超越雅甫，而死伤于雅宁剑下者，不计其数。

雅宁、希晋结好有时，两族往来频繁。雅宁剑法族内无人能比，一因剑术高强，亦因族人惧其权位，无人敢比而胜之。雅宁杀得性起，一日可击杀壮汉七八，其名威显，远扬四方。

第二节　雅宁约剑

雅宁有闻希人流行霹雳蛇剑，剑法如蛇，锋力无比。行剑之时，剑如狡蛇，盘转缠绕，发力可致敌剑碎崩。若为蛇剑着身，轻者皮开肉绽，重者入骨三分，肉骨离析。

雅宁遣人传信，欲与希人比高低。希晋因结好雅宁，心有所忌，忧伤族和。雅宁再三下书，甚或放言希人胆怯，辱其名声。雅宁复以沃土相许，言称希人若应招获胜，可将固山之南让与希人。

固山之南有三山六川，雅希两族多有争拗，因往古早期为希人所居，后雅人强盛居占有年，自成雅地。自雅希交好，多年相安，幸无大争。

几经推避，希人无奈，终应约比剑。希晋年迈不武，希撒尼、希撒契、希撒尔三王子请缨出战。王子兄弟武艺高强，族内无人出其右。

第三节　雅宁比剑

比剑时日由两族约定，比剑之地定于固山武场。武场依坡而建，呈半圆扇状，观者立于周边石坡，可容人上万。因是次比剑者为雅希两族至强高手，故观者如云，两族各据半方。

雅宁坐擂，誓言以一敌三。希方以希撒尼率先出阵，双方行礼一过，立见刀光剑影，呼呼作响。希撒尼挥舞族传宝剑，但见剑柔似蛇，挠而不折。雅宁力大无比，任凭左虚右实软硬兼施，盖无撼动。希撒尼使出长蛇上树之法，运足气力，大吼一声全力尽发。

惯常之下，长蛇抖动，剑功尽出，所缠利剑非折即断。然雅宁宝剑毫发未损，反是希撒尼之剑断去三寸剑梢。断梢飞迸十丈之外，击中希人仆佣，制其当场命亡。雅人一片欢呼，希人一片惊叫。

希撒尼败走，雅宁杀得性起，示意希人再上。二王子希撒契跃上武台，但见蛇剑飞舞，接连使出青蛇盘腾、翘首远眺、拱曲求伸、游溪过川、醉蛇狂舞诸招式，众人眼花缭乱，喝彩一片。雅宁不为所动，前驱后撤，左飘右移，似闲庭信步一般。希撒契身轻如燕，雅宁稳如磐岩。两者一来一往，忽上忽下，百回合未见分晓。

比试正酣，忽有黑云压顶，漫山袭卷。希撒契借风趁势，使出牡蛇发情缠绵之法。但见希撒契蛇剑与雅宁宝剑缠绕偎依，如胶似漆。雅宁坐怀不乱，以刚制柔，以雷霆贯顶之法将希撒契抛离武台，摔出十丈之远。希撒契倒卧在地，人如横尸，剑如僵蛇，曲扭反转。雅人欢呼震天。

佣臣为雅宁拭汗，呈上天参神汤，雅宁一饮而尽。天参为雅人族传神草，生于万丈峭壁，经千年方可成材。人饮天参神汤，可补气增力，虎背添翼。

雅人一片亢奋，个个欣喜若狂。希人一片低沉，唉声不绝。

雅宁兴致所来，愈发不可收。不待休整，一把推开身旁佣臣，示意希撒尔上台比剑。

希撒尔排行居三，文静纤弱，跳上武台即遭一片嗤笑。俗曰剑如其人，希撒尔剑法文若妇孺，静若处子。然见希撒尔眉宇淡定，步履灵稳，不显慌乱。

雅宁以劈山之势连发重剑，希撒尔左躲右避，竟毫发无损。希撒尔以守为攻，剑如顽蛇，或曲或直，或转或弯，前迎后接，以柔制刚，战百回合竟不见示弱。

雅宁渐显性急，使出天地剑，欲一剑制胜。天地剑依地迎天，依天贯地，此剑一出，自雅宁习剑以来，未见能御之人。

第四节 雅宁失剑

正当天地剑行至半空，天空突现一道闪电。雅宁心中一惊，似有魔法缠身，顿觉臂手酥软。希撒尔精气贯注，以脱兔之势、

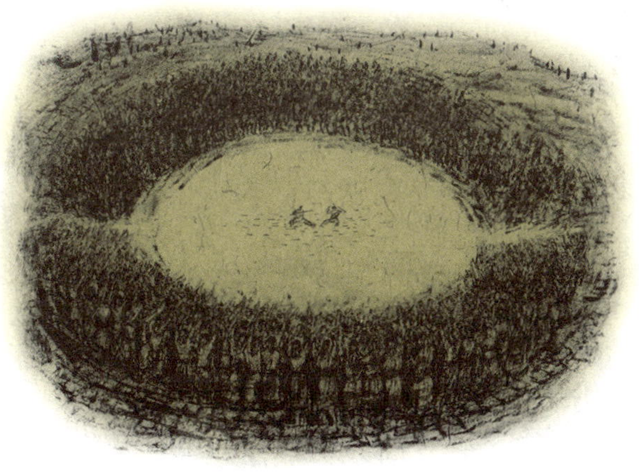

（图 37 武场比剑）

电闪之速，使出乾坤倒转剑，顺势借力，一举将雅宁掀翻。雅宁宝剑失手飞出，半晌方听一声脆响，剑落远山岩壁之上。

沉寂良久，众人方缓神醒悟。希人欢呼，雅人惊叫。雅宁被人搀扶而起，怒目相向，没有言语。希撒尔为希人簇拥，淡定如常，似无事一样。

第五节　履约失和

依雅希两族之约，希人胜出，固山之南三山六川归希人所有。然居地雅人甚不情愿，你来我往，纷争不断。

当年冬至，雅宁气郁毙命，新王雅瑞承雅宁脉统，与希人交恶。此后两族之族领百姓，无不仇深怨长。

第十章　祭婴之礼

第一节　归族之抉

雅希两族交恶，百姓往来渐少。然两族联姻多年，后嗣杂裔为数不少，归雅归希并不易决。有欲归雅，有欲归希，有欲雅希不归而自立族门者。因雅人强盛，物产丰裕，自以归雅者居多。

第二节　月夜献婴

雅瑞立规，凡欲归雅者，均须牺牲头生之婴，祭拜雅神，以表心诚。凡不从者，轻者逐除不得入族，重者灭门。[①]

每至月圆之时，族人聚于高台之上，祭司长率众面南而跪，行三祭三拜，方可礼成。

头祭头拜者，祭物为粮果，有高粱、谷粟、红枣、石榴之类。次祭次拜者，祭物为牛、羊、鸡之类。

后为三祭三拜，即重祭重拜，入族之家以头生之婴，无论男女，捧来置于祭台之上。先有婴儿父母绕婴一周，后自报名号，由祭司长刻于族册族牌。族册存留，以备稽考传续，族牌留于入族家人。

（图 38　雅瑞祭婴）

① 以婴儿作祭品，检验对族神、族王的忠诚。有考古学家曾在一些古代祭台上发现“婴坟坑”，未知其意。

行祭之时，祭司长向族神高声禀告三遍。琴师伴乐，歌者吟唱，烛香缭绕，众人一起叩拜。祭司长将婴儿逐一置于祭台垒穴，垒穴东西有序，南北成行。族长率先，族人随后，以香木香土覆于祭婴之上。覆香木在先，覆香土在后。始时可闻婴儿啼声，后啼声渐微，婴儿归天而去。

明月高悬，浮云游过，族人逐一拥慰祭婴家人。凡祭婴之家，均获族领允应，可得雅地居耕，可世代传袭。再过两年，举家可得族首册封。册封之家可门第升阶，高者可及爵侯。

此俗延续百多年，后渐废。

第十一章　割礼之俗

第一节　希人忧患

自与雅宁、雅瑞交恶，希晋族人后裔亦与周边异族有交恶。异族之间争多和少，鲜有平息。雅、函两强多以蚕食之势扩展领地，希人边抵抗边避让，四处迁徙流离。

天历二百九十三年，希人连遭十年大旱，土石灼人，草木生烟。几经天灾人祸，八族希人止剩三族统传有序，余五族消失匿迹，不知所去。

希晋年事高迈，忧哀成疾，晚年双目失明。然经世事沧桑岁月陶炼，老王肉眼闭合，天眼渐开。天眼之下，无物不可视，无事不识晓。惟希人天灾人患不绝，希族何去何往，常令老王费心思揣，终日不安。

第二节　族神告谕

一日夜深人静，人畜皆已沉睡。忽有雄鹿啼鸣，希晋心中一惊。希晋静闻似有脚步御风而来，由远及近。希晋起身挪至庭院，心知族神已在面前。希晋跪伏在地，倾心聆听。族神道：

希晋，希晋，希人所经之事我皆看到。

道统有传，授受久矣。虽经磨难，然希人族宗未改，似风吹顽石，去沙存磐。有泥沙附石随风吹散，岂不顺其自然？

族运多劫难，实为沧桑世事，族道正途。惧不在族运有难，惧在族人心石不坚，心意邪偏。祖统道传，至要者在正族心。欲正族心，先正人心。欲正人心，先正人身。

族人须有约定，凡希人之后，男婴割阳皮，女婴割阴皮，以此为识。如是以往，可除藏污纳垢之所，可洁族人之身，可正族人之心。如是以往，可行千里而不失，可汇异族而不迷，可延希人族统，可正希人族道。[①]

---

① 割礼（circumcision）之俗在古代埃及、非洲、巴比伦、迦南等地的部族中多有流行，可分割阳（subincision）、割阴（clitoridectomy）两种，前者施行在男性身上，后者施行于女性。其涵义多有不同解说，有的解释为成人礼的一部分，为婚前准备；有的解释为警示族人不得滥交；有的赋予更多的文化符号意义。此处被作为希人同族神的约定，以此保持希人对族神的忠诚，并延续希人的族统。

希晋正欲举头探问，雄鹿啼鸣再起。东方泛白光，族神御风而去。

第三节 割礼之规

希晋得启悟，依族神晓谕，严立族规。凡希人所生婴孩满月之时，男婴须割除阳皮，女婴须割除阴皮。男婴由男术师施礼，女婴由女术师施礼。施礼之先，由族内老者率众祈福。男婴祈福六遍，女婴祈福三遍。

祈福之后，术师以高崖灵草榨出清汁，涂抹于男婴阳皮、女婴阴皮，半个时辰之后，方可施术。术刀为锋利石刀，薄如柳叶，锋如利剑。术刀用前须经滚水清洗，再经灵草清汁浸泡。

（图 39 满月礼庆）

施术之时，婴儿多有哭闹。亦有不哭不闹者，或有嬉戏玩乐者，此类婴孩成人之后，男子必有造就，女子必贤淑美丽。

术毕之后，族人喜悦庆贺。家人须宰杀禽畜，众人同享同乐。因割礼施于婴儿满月之时，故割礼亦为希人满月礼。

希人族规明定，凡希人之后无论男女，均须行割礼。男不行割阳，女不行割阴，不可成为希人。有拖延割礼者，日后可成逆子，多遭族人邻里嗤笑，且须补行割礼。

施行割礼之婴，亦有礼后哭闹不止者，持续数月有余，直至气绝身亡。此为暴戾之婴，成人之后多为悖逆之人，亡不足惜。婴尸须埋于僻远无人处，以防暴戾之气弥散族人。

希人割礼之俗延续千年，未曾间断。

第十二章　百丈石塔

第一节　筑塔记先

希晋壮年之时，即派族人三千，于族土方圆之央，筑建百丈石塔。塔高百余丈，周围三百丈。石塔逐级向上，方圆交错，由低渐高，由宽渐窄。塔底留有道穴，可通塔中。塔石雕有纹饰，饰图多为神兽禽鸟。并依天历年序，雕刻希族先贤名符，铭记希人立族、立教、居迁流变。历经五十年，石塔终成。

第二节　立节纪祖

成礼之日，希人全族尽出。人如蚁群，跪卧敬拜，延绵数十里。

希晋王仙发飘逸，道骨清风，立于石塔中前。希晋背依高塔，前望族人，心了夙愿。

行礼之中，渐有白云飘卷，伴有天光闪现。一阵雷鸣之后，清雨如注，天地翻新。众人不停跪拜，恩谢天神。

天雨过后，众人惊见希晋立于塔前，如石雕磐立，丝纹不动。希晋乘雨归天，是年一百零一岁。

遵希晋之嘱，族人将希晋置于石塔之中，逐石安封，后人不可移动。后希晋石塔为希人全族祭拜之塔，希晋归天之日为希人族祭之节。当此节期，全族之人节欲节食，静默缅怀，追纪先祖。

第十三章　七子合家

第一节　均等共享

嘉人为雅希两族合衍后人，性情兼蓄雅希两族，习规兼备雅希两俗。然嘉人合融而自成，族性族规自有其立，尤倡族家之内均等共享。

第二节　工有所长

有嘉人名嘉弗，文武双全，渔耕百工无所不能。育有七子，名嘉乌、嘉里、嘉妥、嘉向、嘉邦、嘉果、嘉未，各自业有所立，工有所长。

嘉乌、嘉里擅耕种，尤擅种植小麦、荞麦、稻谷，所种谷粱全家共享，时有结余。嘉妥、嘉向擅渔猎，每日外出捕鱼狩猎，多有所获。归来全家共享，其乐融融。嘉邦、嘉果擅筑屋搭棚，嘉地常遭风雨之灾，棚舍易毁，嘉邦、嘉果伐木磊土，修缮筑建，既快且牢。嘉未通医草，每日上山下川采药集材，精研细磨，可治百病。嘉弗老来少工，坐享其成。

第三节　人有所怠

天长日久，人有所怠，工有所废。

嘉乌日出而耕，星出而归。嘉里日中而出，日西即回。然嘉乌、嘉里所享者无不同。嘉妥渔猎风雨无阻，满载而归。嘉向渔猎朝夕不定，空手而回。然嘉妥、嘉向所享者无不同。嘉邦筑舍尽心尽力，每有所成。嘉里搭棚敷衍搪塞，不禁弱风。然嘉邦、嘉里所享者无不同。惟嘉未每日采药研磨，自行自力，无所推诿。

三年不出，兄弟责怨不绝，诸工懈怠荒废。嘉弗动情晓理，斥责训骂，冀兄弟七人均力均享，家业兴旺。然终无显效，家道日衰。

嘉弗朝思暮揣，一筹莫展。

第四节　嘉祖教诲

一夜嘉弗有梦，于嘉山云霄顶处拜见嘉祖。嘉祖乃嘉人圣祖，超凡超智。圣祖不可近视，然可对言。圣祖对嘉弗诲曰：

嘉人之先广采众长，以均享为崇，均力为尚，世代沿袭，源远流长。族习族规世有所承，代有所传，当因时因地而制，因人因群而宜。

均享者，嘉人所崇矣。天下嘉人无论族分，皆为一家。有福当共享，有难须同当。不可独食粮谷，不可独吞果蔬。

均力者，嘉人所尚矣。天下嘉人，无分男女，皆须尽心尽力。有心者尽心，有力者尽力，不可污心偷力，不可盗食贪享。

嘉弗曰：

嘉弗深明族规祖义，终日身体力行，躬亲而为。嘉弗七子，血脉相通，相貌似同，工有所分，专有所长。然经年累月，均享者无不心同，均力者无不心异，竟为何故呢?

圣祖曰：

均享者，多多益善，少少不愿。均力者，少少益善，多多不愿。凡人不圣，人皆此心。身有高矮，众人绝不均等。心有分殊，两人不可概言。尤人心各异，性情多变，义欲交集，何可言均？[①]

人心未改，制人不合，难言均享均力。所言均者，多为形均而实不均。多力者多享，少力者少享，是为实均，乃嘉人先祖所崇所尚。[②]

人合天道，地久天长。嘉弗百工皆能，然未识天人融汇，未能物事贯通。结网所以捕鱼，制在纲举目张。纲目有序，纲牢而目隙，其用则适水宜渔。

理家治世，道亦同然。

制适人，人适制，制人合适，方可致用成效。须以实均为纲，以形均为目，以力为举，以享为张，力举有度，享张有衡，可致纲举目张，可达理家治世之功用。[③]

---

① 此处讨论“均享”与“均力”的问题。均享是古时最常见的一种“原始家制”，嘉弗发现，即使是亲兄弟，也难以做到“均享均力”。故圣祖有言：“均享者”，得到的越多越好；“均力者”，出力越少越好。根源在于人心如此。

② 此处提出“实均”的思想，核心是多出力者多得，少出力者少得。原始型“均享均力”的问题在于制、人不合，即制度与人心不相适合。

③ 此处论及制、人相适的问题。以渔网的“纲举目张”说明“实均”、“形均”、“力”、“享”的关系，即“实均”为纲，“形均”为目，“力”为举，“享”为张，“力”的多少有度量，“享”的多少可衡测，理家治世即可达到“纲举目张”的功效。

嘉弗闻罢，悟有所启，觉有所开，尽心穷力，探行天人合道。

第十四章　顺势随流

第一节　以力得享

得圣祖启悟，嘉弗躬推力享制，亲族之人皆以力得享，不徇私情。若鳏寡病弱不得力享者，可以族储赐济。得赐济者不得奢享。

七子渐年长，各家膝下子孙日众。一日，嘉召七子于堂前，述曰：

> 嘉弗幼时常随先人伐木拓荒，每日朝出晚归。每至夕阳西下，先人即唤嘉弗，收拾所获，预备返家。所伐大木长木，先人担子扛之。所伐小木细木，嘉弗担之抬之，然零散杂乱，常顾此失彼。先人授弗以法，以绳捆扎，可使杂木成行，可矫乱物有序。
>
> 先人以物寓意，授余弗名，教诲嘉弗，行事不可疏随，矫偏方可合正，合正方能续长。[1]

---

① 讲嘉弗先人以物寓意，为嘉弗起名为“弗”，以绳捆乱木为例，教谕其行事不可疏随，矫偏方可合正。弗，甲骨文作弗，捆扎乱木之意。

圣祖尝言，天人合道，地久人长。嘉弗得天帝之佑，承嘉祖福荫，嘉业兴旺，子孙满堂。嘉乌、嘉里、嘉妥、嘉向、嘉邦、嘉果、嘉未皆已家大业大，可自分为家，自力而享。多力者多享，少力者少享，不力者不享，是为至公至平。公平者方可适人性、合天道，方可久长。

然分而为家，合而为族。家分而族合，余悟圣祖谕言，亦为纲举目张。

嘉弗七子各携家眷，依山就水分而居之。耕渔百工各尽所长，粮鱼果蔬依需交易。不出几年，嘉弗族家人畜兴旺。

第二节　随风而行

嘉弗七子之中，惟五子嘉邦离族失散，后自立新族。原嘉邦、嘉果携眷移居，行至山岭之上。岭东而望，黄树一片，山川交叠。岭西红树成林，绵延不尽。嘉邦、嘉果踌躇盘算，或东或西各有其好。

未及细斟，忽有东风袭来，吹飘嘉邦眷人巾帼，落至西坡之下。嘉邦眷人随踪捡拾，喜见红树挂满佳果。族人老幼纷来采摘，解饥解渴无不称好。佳果愈寻愈多，嘉邦愈行愈西，不觉抵至远方。

嘉果孙童逐兔捕鸟，直奔向东，嘉果眷人一路追行。嘉果、嘉邦各行东西，不再复合。[1]

后嘉邦携眷西行，寻得居地，依山就势筑屋建房。经年与异族为邻，终离嘉弗本家，自立新族。嘉果携眷东行，然未与本族断离。

第三节　嘉弗族会

嘉弗百岁之际，嘉乌、嘉里、嘉妥、嘉向、嘉果、嘉未六家族人会聚嘉弗本地，典行嘉弗族会。各家奉佳美粮果牲畜，致贺祝寿，敬祖祈福。嘉弗告族人曰：

嘉弗蒙天帝之恩，承嘉祖福荫，享生百年，死而无憾。日月流转世事沧桑，然万变不改其宗。嘉弗后人遍布嘉地，循天帝之道，承嘉祖遗规，顺势随流，必将源远流长。

族人如流，起自早古，去向远方，前途未可定知，然可预矣。嘉乌、嘉里、嘉妥、嘉向、嘉果、嘉未各家各族，务须立心如山，行道似水，族人必将光大昌盛。

嘉弗百岁之喜，亦为百年之际，西归之期不久远矣。嘉弗百岁之生，始悟顺势随流之族道，务望族人记牢。

高水向低，谓之顺势。东南西北，谓之随流。何人曾见

① 世上多族原本一统，分族有其必然，亦有偶然。一个偶然因素，或许就会改变历史的走向，失之毫厘，去之千里。

低水向高，水可逆流？亘古未曾见，天道不可逆。然世人随见水流东南西北，皆因水有定势而无定向。依势依力依风雨，顺势而随，其自为然也。

嘉人顺势随流，可合天道，余百年之后，可欣然而闭目。①

嘉弗言毕，目显祥光，驾鹤而去。嘉乌、嘉里、嘉妥、嘉向、嘉果、嘉未六家族人依嘉人族礼祭拜嘉弗，满月始礼毕，各返居地。

（图 40　顺势随流）

① 此处言及“顺势随流”乃古今大律。顺势，高水向低之势；随流，东、西、南、北皆有可能。《孟子·告子上》：“水信无分于东西，无分于上下乎？”嘉弗教诲后人：顺势随流，可合天道。

卷八　盟约

“约”（盟约、契约）的概念，是文明社会的一种本质性标志，它不仅使人类自觉地区别于一般动物群体，也使得人类社会处于有序状态成为可能，甚至可以说，人类社会中的一切关系都是一种“约”的关系：夫妻、同事、上下级等等，都以特定的“约”的关系将各种社会活动联接在一起。

第一章　合血之盟

第一节　族分枝杈

老树生根，根深盘错。新树发枝，枝长分杈。至天历三百年间，族分枝杈，根有交错。虽经风吹雨打树有凋零，然族林多繁茂，衍生愈不息。惟强盛者愈强，羸弱者愈弱，强弱有分合，沉浮多变转。

第二节　联族之盟

布其率族人游牧流散，不出十数年，已与宗族渐行渐远。远离祖地，布其与撒耳之族睦邻而居。然天灾人祸时降，尤有凶悍异族常袭两族。天历三百一十六年，布其、撒耳欲缔联族之盟，冀以合力相互扶援，共御外敌。

订盟之日择于秋实之际，月高风静之夜。布其、撒耳各率族人三千，均为族内首领将士。布其与撒耳互挽臂膊，立于队前，余下族人一一作对，列排于后。有巨硕铜釜置于场中，铜釜周长三丈，高逾三尺。釜旁边立两族壮汉，各握锋利大刀，威风凛凛。

布其、撒耳齐步向前，分由两族壮汉割臂取血。撒族壮汉以锋利之刃深割布其臂膊，布族壮汉以锋利之刃深割撒耳臂膊。壮汉刀下皮肉立开，血流不止，混注巨釜之内。布其、撒耳之后，两族将士依次向前，互割臂膊，合注鲜血。

（图 41　合血之盟）

篝火熊熊，妇孺旁观，老者立于两侧，低吟回唱，祈福颂天。

两族将士逐对割臂，巨釜之内注满人血。两族老者上前搅混，余者立旁见证，釜内即成两族合血。布其、撒耳各舀血一瓢，先敬天帝，再敬族人，然后对拜，交臂而饮。[①]

两族壮士成双结对，逐一交臂而饮，礼行彻夜。此为合血之盟，亦为联族至约。

第三节　合血族约

布其、撒耳立合血族约如下：

① 古时人与人之间、部族与部族之间结盟，常刺臂出血而相互饮之，以表融合之意。后有宰杀牲畜，将宰杀之物分置两旁，结盟者立于中间，相互起誓。“盟约”的本质是契约，使相关方建立起价值对等的关系，可溯至早期的物物交换、贸易活动。

互不捕杀两族所养羊、马、牛与各类牲畜；

互不窃抢两族之各类家物，含蓬绳、冬草之杂物；

互不欺侮打骂两族眷属妇孺，尤不得打骂两族老人；

互不击杀两族之人；

遇怪兽侵扰，两族须共同迎杀；

遇异族来袭，两族须共同抗击，以命相保。

自布其、撒耳两族立盟订约，每遇怪兽来扰，两族同起追杀。每遇异族来袭，两族迅报音讯，同起迎击。

第二章　布人阅墙

第一节　离族远去

布其有六子，长子布风人高马大，骁勇善骑。冬去春来之际，布风率羊马千头南下觅草。半月光景，已去居地两百里。

历山以南暖风劲吹，山野早绿。是日阳光高照，千头羊马沿山涧小溪，一路啃食嫩草，一路嬉戏前行。

忽然之间，东南西三面涌来兵团马队，似黑云压顶，立现眼前。骑上之兵或挥舞大刀，或手执长矛，直朝布风马羊冲杀过来。来者见羊即砍，见马即杀，眨眼之间羊马死伤一片。

第二节　族戚残杀

布风望去，来袭者手擎青色大旗，盔甲装束似曾相识。定睛细看，原为布鲜之人，乃布其同祖远戚。经年流转，布鲜、布其族戚荒疏，久无往来。尤当布其与撒耳立跨族合血之盟，布鲜族人已视布其一族为仇家。今布风率羊马闯入布鲜之地，布鲜族人无以容忍，迅集悍将，追杀而来。

布风虽骁勇，然寡不敌众，人马几被击杀殆尽。惟布风幼子聪智乖巧，趁机策马而逃。

布其知悉长子布风被杀，遂联手撒耳攻打布鲜。布鲜则联手布法、布泰、布尤、布济、布司诸族，同起迎击。

争战十年，诸族伤亡甚众。布其手下多有叛离，复归布宗。余者誓守布撒合血盟约，且渐融于撒，而与布鲜、布法、布泰、布尤世代为敌。

第三章　布帝之约

第一节　天虎布云

布人裂分，族神布帝尽所知悉。一日天虎临至布鲜、布法、布泰之前，布鲜率族人匍匐在前，布法、布泰率人在后。天虎围绕布人巡游三周，周边即被蓝云环绕，风吹不进，声出不来。

（图 42　天虎布云）

第二节　布帝告谕

布帝御云而至，众人不敢举头正视，惟专心静听。布帝曰：

布人多经劫难，挫而不灭。今由木成林，遍满历山周边，延及西海之岸。然天有阴晴，月有圆缺，世有不测，族有流变。今布人多有裂分，原为兄弟今为陌人，实甚不止，而为仇家。

布其一族已与异族合血同流，弃宗而去，从今而后，必将革除族门。你们必不视其为同族兄弟，布族再无布其之人。

布鲜、布法、布泰、布尤、布济、布司，及天下布人，皆要慎听。我与布人订约，你们皆要遵守，凡不遵从者，必遭大灾降临。

凡布人者，须坚守与布帝心约。布帝之约刻于肉身，流于血脉，印在心上。[①]

凡布人者，只可信布帝为惟一神。

凡布人者，只可与同族兄弟缔合血之盟。因兄弟之血原本同父，兄弟之身原本同母。与异族合血，岂非败坏血统，悖逆祖宗？

凡布人男子者，满十岁之际，须于胸膛之中打青色印记。青印既成，即为布族壮汉，可独自外出牧羊牧马，可娶妻成家生子。

凡与布帝订心约，且打青印者，就必定心有布帝，身有布印，血有布统。

布帝必眷顾布人，布人必多有家地牧场，必多繁衍生子，必不再为天灾困顿，不再受异族侵扰。

布帝曰毕，天虎环绕布人飞翔三周，停落布帝之旁。天虎见

---

① 此处将人与人（部族与部族）之间的盟约移植到部族与族神（族帝）之间的订约，且在肉身留有标记，使“约”流于血脉、印在心上。

布鲜、布法、布泰、布尤、布济、布司将布帝诫谕一一记牢，便护守布帝御云而去。

第三节　布人受约

布鲜、布法、布泰、布尤、布济、布司与天下布人各族，均与布帝订立心约。布人每日默诵布帝神谕，不敢忘记。布人向东、向西、向南、向北，均受布帝指引。

布人男子十岁之际，皆于胸膛之中打青色布印。布印乃心约身记，即布人与布帝心约之身记。凡止有身记而无心约者，那人胸膛必会腐烂，不出一年即会毙命，从布人中剪除。

（图 43　心约身记）

第四章　物事之约

第一节　牲畜粮谷交易

布鲜之族善牧，多产牛、羊、马、驼马。所牧各类牲畜，以红头骏马为贵。此马颈直腿长，周身青黑乌亮，惟马首赤红，马鬃飘逸，奔跑如飞，蹄不着地。红头骏马专为族王族领骑乘，百姓平民不可骑用，更不可宰杀。族王族领嫁女，多以红头骏马陪嫁。族领之间往来交换，亦以红头骏马为至高礼馈。

每年春发时节，各地族领聚于泰原草地，带来公马、牡马、老马、少马品评赏鉴，各按所需所好交易。如用单色之马易换红头骏马，盖若六十匹白马，或七十匹棕马，或七十匹单色青马，方可易得一匹红头骏马。

另按俗约，一匹棕色骏马可易黄牛二十头，或易绵羊五十头。如在冬至之前，可易绵羊六十头，因此时绵羊囤积甚多，冬至之后草粮稀缺，牧者急于减存。

布人亦常以马、牛、羊等畜类与邻族交易稻米、果蔬、布匹之类。一只壮肥绵羊可易两筐果蔬，如石榴、白瓜、山枣之类。可易粮谷一筐，如高粱、粟米、小麦、荞麦之类。筐分大小，大筐周长五肘，小筐周长三肘。

第二节　布匹粮谷牲畜交易

炎山以西异族善织布，绫罗锦缎各色布匹应有尽有。常有异族之人前来以布匹交易羊、牛、马，或交易粮谷、果蔬。庶民百姓多易粗杂织物，族王族领多易华丽锦缎。

第三节　宝石交易

连山一带多产美玉宝石，白黄翠墨之玉应有尽有。至珍者为红玉，红玉甚少，偶可遇之。高品红玉晶莹剔透，清亮夺目，内中似有天光变幻，疑自天外而来。

连山一带族人善凿石雕玉，常携各色玉石与布人、雅人、函人交易。始时不获青睐，因玉石不可食用，不可御寒。后族领显贵好之，或悬挂颈项佩于臂腕，或妆于发冠缀以腰饰，华美高贵，渐成族王族领妻妃至好。

上等玉品饰物，常需数百绵羊、黄牛可易。如遇珍稀红玉、翠玉、白玉，可易多匹红头骏马。富贵之人易得宝玉，终日把玩，爱不释手。亦作珍贵馈赠，传于后人。

工匠可据买家所需雕制，预列订单，预付质物。所制器物，或雕瑞兽神物，或雕族徽族记，各赋祥意。物成之后，如约兑换，绝不毁约，亦不欺诈。

有传玉有天赋之灵，人玉可互润互养。若人玉之间气脉相通，玉可得人性，人可得玉灵。灵玉为人尊崇，平日伴人修心养性，要时佑人避凶化吉。

第四节　黄金宝石可成通币

马斯卡人为雅族后人一支，所居阳山一带富产金石。金石经千冶万炼，可成黄金。黄金长可游丝，薄可蝉翼，可随意而成华美饰物，至为珍罕。初时仅为马斯卡人看重，他人不识其贵。马斯卡人欲与异族交换粮谷，众人不识，视如粪土。后各族渐识其贵，视比宝石，遂成宠好。皇室贵人无不好之，纷纷以物相易，贮之藏之。

后黄金、宝石渐为各族共识，因其珍贵稀少，渐成各族通行宝币。以之可易所需之物，甚或可易家奴美女。

盖因金石至稀，各族渐以铜石、银石代之，冶炼成铜、银。品质精细者制成钱币，标识族徽，注以币值，族内流通，可兑物什。品质粗杂者，可制刀剑，铸器皿。所制刀剑器皿，繁复精巧，各有其用，各赋其值。

第五章　柳卡羊马

第一节　柳巴交易

柳巴祖居草地，擅牧羊马，家有绵羊三千，肥壮洁白。是日天微亮，柳巴牵赶五十壮羊，公母各半，行路三十里至喀拉集市交易。

柳巴以十只壮羊易得黄牛两头，公母各一,一大一小。复以母羊两只易得两只藤筐，置于牛背之上。再以八只壮羊易得稻谷两筐。以十八只壮羊易得粗布四领，以为妻儿缝制裙袍。余十二只壮羊易得矛枪、弓箭各一，用以击杀野兽，防备贼人袭扰。

太阳西落，余晖映天。柳巴牵引黄牛两头，满载易物，欣然返家。妻子巴娃携两幼子坡边候望，见归甚喜。巴娃细察细看，两子前呼后拥，欢蹦跳跃。

（图 44　柳巴返家）

第二节　柳卡欺诈

柳卡为柳巴之弟，居柳巴近旁，牧马上百。平日懒惰疏于牧放，所养草马非瘦即弱。然终究马贵于羊，一马可易六羊。柳卡常以幼马易物，获利甚丰。

眼见幼马渐少，柳卡心急生计。见大羊似马，遂与柳巴交易，以小马易多羊。复以大羊饰幼马，以幼马之值与人交易。柳卡屡得逞，心中常窃喜。

柳卡每至喀拉集市，多为日头西落集市将散之时。是日柳卡复牵八头幼马赴市交易，八马之中实有大羊一只，经修饰装扮，与幼马几无二致。

第三节　德敦蒙骗

柳卡与牛主交易，欲以八头幼马易四头壮牛、六头幼牛。见天色已晚，牛主德敦即与柳卡匆匆交易，各自离去。

德敦回至家中，听闻幼马之中传出羊叫之声，甚为诧异。德敦疑己老衰耳背，遂唤妻儿辨听。家人细闻，确有幼马发出咩咩羊叫。家人疑惑不解，一夜未得安眠。

天伊亮，德敦从圈中赶出幼马，逐一辨识。细察之下，果见一物似马非马。该物貌似白马，发咩咩之声，屙绵羊细屎。家人亦奇亦忿，嚷议纷纷。

第四节　非羊非马

多日之后，德敦再赴喀拉集市。远见柳卡行来，手牵一群草马，多为各色幼马。柳卡见德敦，上前忙搭讪。

德敦曰："柳卡所带何物？"

柳卡曰："所带如常，草马三匹，幼马一十三匹。"

德敦曰："请将幼马清点计数。"

柳卡将幼马清点计数。德敦近前察看，指一似马非马之物，问曰："是物何物？"

柳卡曰："是为幼马。"

德敦曰："是物怪异，竟为何种幼马？可使发出马声？"

柳卡曰："此非白色幼马么？德敦年老眼昏么？"

交语之间，围观者渐众。德敦由身后取出香艾一枝，置于异物鼻边。异物嗅闻，遂发出咩咩叫声。众人大感意外，此物似马实羊？众人皆问之，群起而谴之。

柳卡辩曰："此物为羊马，非马亦非羊。"

德敦曰："羊马非马非羊，岂非羊马杂合所生？羊归羊，马归

（图 45　柳卡羊马）

马，柳卡可使羊马交合么？”众人哄笑。

柳卡正欲续辩，异物突翘粗尾，排出羊粪一堆。众人见状，大笑不止。

第五节　欺者重罚

德敦述原委，听者无不愤。众人齐责柳卡，柳卡面红耳赤，无地自容。众人商曰，欺者重罚，违者重赔，柳卡须以真马十倍偿赔德敦。

柳卡欺名起，众人相传，皆避之不往。后喀拉集市再无柳卡踪迹。乡人传曰，柳卡羞愧无颜，于集外悬树而毙。[①]

喀拉集市约则渐备，凡欺诈者均处以重罚。少者缺一补十，骗者假一补百。众人多守约。偶有聪乖之人，不经利诱，欺诈谋金，获利不菲。

第六章　高崖沉金

第一节　德敦愁苦

德敦一生勤勉，笃行守信，重情好义，甚得乡民敬崇。每日

① 此处讲“践约”的问题，亦即诚信的问题。

早起晚归，不知歇息，劳有所获，家中殷实。惟年逾花甲，一生劳苦，身心俱疲。加之妻室近亡，令德敦愁苦郁闷。

第二节　两子不孝

尤令德敦心寒者，乃两子不孝，好逸恶劳。两子虽有家室，然似畜如猪，贪享成性。

长子德未年近不惑，自幼喜好迷草，终日沉溺，百医不治。迷草生于山野，花艳似火，吸食如幻，不能自拔。坊间曾传雷劈火烧可愈，然德敦诸法试遍，德未甚难有改。

次子德希游手好闲，刁钻奸猾，刻薄待人。其母临终之夜，千呼万唤盼见一面，却得德希百般推脱。老母传讯，有银饰一件，可留德希传家。德希听闻片刻不停，飞奔赶至。德希见母急索银饰，得后左把右看，罔顾病母。众人前拥德希慰言老母，德希近前，不问母病，只询多银有否。老母欲言不能，气绝西去。

第三节　以犬为伴

德敦孤寡独守，白日与禽鸟对语，夜晚以家犬为伴。德未、德希两子平日不见，来即索物。首索德敦存金，再索德敦存物，巧取私窃，无所不用。

一日德敦劳作归来，恰遇德未偷潜入室四处翻寻。德未鬼鬼祟祟，见德敦归返，携物即逃。德敦踉跄入室，只见四处狼藉，无处完好。有值之物几近劫光，饭钵铁勺亦难保全。所幸攒金埋于土下，未遭窃取。

德敦粒食不进，伧然泪下。两子无孝，心无父母，以金为父，以银为母。金银竟为何物，虽冰冷而无语，似有魔而无不摧？德敦泪流不止，老心灰冷。[①]

第四节　沉金入海

德敦清理残金，留一存埋，备履邻人之约。余金余银尽装布囊，半粒不留。

（图 46　高崖沉金）

① 两子以金为父、以银为母，未尽其孝，是一种“失约”行为。

德敦手拄木杖，背负布囊，夜攀卧虎高崖。高崖似虎横卧，临海高悬，险峻无比。平日人迹罕至，因少有疏忽，即坠崖不见。

德敦临崖而望，只见黑水一片，水泛白光。德敦解开布囊，一生辛劳尽在其中。金银有大有小，月下熠熠发亮。德敦细扶细数，一生之求，求来何用？德敦取金，一一抛沉入海，只闻风声，不听水响。

第五节　与道为约

有闻德敦沉金入海，或惜或叹，无不唏嘘。有问德敦曰，付之深海，竟为何故？德敦回曰：

金银无言语，众人拜为主。逐之无度，致人迷途，父不父，母不母，人性尽无。

德敦年老身衰，然心智尤清，双目愈明。高崖沉金，乃德敦老心所向。德敦舍金取义，心向仁义，与道为约，死可闭目矣。

后德敦只身劳作，平淡而居。家中义犬相伴，两子不扰，百岁而终。

卷九　工事

工，甲骨文作“”，形似竖向放置的一把斧子，做工的工具。人类的工事行为从低级到高级，是文明演进的重要组成部分，如果简单地将“工事”喻作“硬件”，那么这种“硬件”也是伴随着人类文明的“软件”（如分族、立教、家庭、婚姻等）不断升级的，并与人类社会的“软件系统”紧密地契合在一起。故“工事”的问题不仅是“工事”，更是“人事”。

第一章 雅昆什筑高塔

第一节 筑屋以高为尊

雅人之后雅昆什，既为族领又善百工，聪慧敏行，无所不能。

其时族人内外皆尚高屋，筑屋以高为尊，以奇为显。雅昆什亲率百工巧匠，所筑高屋可达三十丈，依山就势，巍峨高耸。[①]

第二节 云中屋宇

一日，雅昆什仰望天空，竟见悠悠白云之间，有屋宇幢幢，鳞次栉比，心中大惊。众人随指望去，无不吃惊。何人筑屋云中？何人可居九霄高空？

有智师眼锐，甚见屋宇之间有人游走，衣帛华美，进出无声。众人欲仔细察看，却见白云飘移，屋宇渐隐。

雅昆什百思不解，茶饭不香。三日三夜闭门不出，静默思悟，昼夜不眠。

---

① 筑高屋（高塔）一直是人类的梦想，古时巴比伦有著名的“通天塔”之说，后人考古发掘确证了古代通天塔的存在。今人仍在延续古人筑高塔之梦，世界最高建筑记录不断更新，“以高为尊，以奇为显”是人类的一个嗜好和传统。

（图 47　云中屋宇）

第三节　雅帝告谕

及至四日夜深之时，雅昆什冥悟之中，惊见红狮开道，雅帝临前。雅昆什急忙跪伏在地，有闻雅帝曰：

雅昆什要听，万能雅帝居于高天，每日注目观望。先前雅人偏离正途，万能帝要山崩山就崩，要地裂地就裂，要天火空降天火就空降。岂见何家无人死亡？岂见何家无人受伤？雅西受命为族师，承雅帝传道之任，向雅人颁谕族规。雅人有律己恪守，有放任蟒行。

如今你们可曾看到，依雅帝诫规行事，可近天帝。未依雅帝诫规行事，不可近天帝。欲近天帝，须行帝道。行帝道方可心致，心致意致，意致工致。[①]

雅昆什欲前细询，红狮以翅相挡，阻于身前。然心致意致，意致工致之音幽空回响，反复不尽。

雅昆什得启悟，谨记心致意致，意致工致。欲以心致而达意致，以意致而达工致。

第四节　筑塔检效

雅昆什悟行相合，力率族人守规行道。经三年修行，雅昆什欲筑高塔而近天帝，以检修行之效。

雅昆什召族人三万，依山临崖，筑通天高塔。族内能工巧匠尽出，选上等石材雕琢打磨，精工细作。高塔底阔上窄，方圆交错，由低至高逐级叠磊。匠人以天尺度衡标识，巨石上下相扣、左右兼顾，竟浑然一体，分毫不差。

---

① 此处提出了“道、心、意、工”的概念。“道”（天道）最上，“心”（人心）居次，“意”（意志）再次，然后为“工”。以“工”说“意”、说“心”，实则归为“道”。

（图 48　塔入云霄）

族人昼夜不息分工劳作，经十年筑建，高塔竟至千丈。由山脚仰望，塔入云霄，难以尽览。念及高塔渐入天界，通天之道将成，雅昆什心中甚悦。

高塔将成未成，然族力竭尽，人力尽出，死伤者不计其数。匠工疲惫，哀告歇息。族师婉谏，适而可停。

雅昆什执意不休，誓将高塔建至云端。族王甚发令，有怠慢不从者，轻者断臂，重者戮命。众人心惧，无人敢言，惟族王近身侍臣呼应怂恿。

第五节　高塔坍塌

一日突有黑云飞卷，上下翻腾，高塔隐没不见。众人惶恐，忧有不祥发生。未及细想，轰天一声巨响，高塔坍塌，白烟冲天。随后雷电交加，大雨如注，泥石成流。

但见残尸断臂随水漂浮，活命者寥寥。雅昆什瘫倒在地，肉躯如泥，魂魄飞散。有红狮飞落近前，告曰：

> 万能帝曾告诫谕，心致意致，意致工致。雅人心未致而欲意致，意未致而欲工致，何不致此？
>
> 天生心，心生意，意生工。故欲得道近天，首须心致。心致而意致，意致而工致，工致而可近天。
>
> 故心致意致，无所不致，纵星辰云霄，亦可达致。然心意未致，纵三尺低台，亦超所限，终不可致。况万丈高塔，几近天界，岂可妄求所致。①

雅昆什听闻，老泪纵横，气绝而亡。后高塔止留残垣断壁，千年风摧仍依稀可见。

---

① 此处再论“道”、“心”、“意”、“工”之关系。

第二章　函含造飞车

第一节　函人名匠

函含为函人名匠，聪敏善思，尤敬天帝。每日晨起敬帝，寝前自省，记事以降从不间断。常于夜深之时入似梦似幻之境，可得灵道启悟。晨起做工，如有神力相助，朽木可化神奇。

先前各家运物，或人抬臂扛，或牛驮马载，功低效差，人畜皆苦。

函含以硬木雕琢成轮，以宽木勾搭成体，造成独轮木车。木车中置大轮，车体四角有柄，供四人推握。木车既成，可多载巨石巨物，或多载粮谷杂什，搬运工事，功效倍增。众人甚奇，效仿者众，然木车之大之精，无人可超函含。

一日夜深，函含灵思畅游，远至边海，高至云天。恍惚之间，眼前竟现轮车无数，呼呼前行。轮车列排飞转，前行后退，随意而为。

函含醒来得悟，遂将两木车捆扎并连，顿成两轮木车。两轮木车载量倍增，行止稳当，众人皆惊皆喜。

函含举一反三，革新变法，四轮连造，顿成四轮大车。四轮置于木车四角，无人握扶亦可自立。车体辅以边框，框中载物甚多。车前系有缰绳，既可人推，亦可马拉。邻家邻族见之，一时仿效成风。

撒东乃撒人智师，见多识广，聪慧异常。每日端详撒人仿制木车，察觉木轮不固，每遇坚石易毁，每遇水浸易散。撒东试以铁代木，铸炼铁轮，遂成铁轮大车。铁轮坚固耐用，锐石泥沟所向无碍。邻族之人弃函含而仿撒东，后各族木车渐以铁轮代木轮，所造之车愈发精致牢固。

第二节　梦幻飞车

一日夜深人静，函含如常独处静悟。本族邻族，木轮铁轮，天上地下，不觉神思无疆，实幻不分。函含眼见轮车无数，雕花绘彩，幡带飘飘。函含为轮车载负，凌空而起，腾云驾雾。一忽急速高冲，一忽缓慢翱翔，一忽高越峻岭，一忽俯视海湖。雀鸟绕周嬉戏，鹏雁前后伴翔。

函含醒梦回神，然梦中之景挥之不去，历历在目。函含起身敬拜天帝，颂恩祈福。

函含谒见族王函塔尔，详述驾车翱翔之历。族王闻之甚悦，即令函含速造飞车，以使族王有飞车可乘。

第三节　函含受命

函含白日不离造场，夜晚寻灵悟道，昼夜不停。函含思忖，雀鸟虽小可任自飞翔，鹏雁硕大可一飞冲天。人何以无翅？车何以飞天？函含竭精尽虑，不得其解。

族王每日来巡，探问飞车之造。后日巡两次，催逼甚紧。每闻函塔尔来巡，函含举家惶恐，老幼不安。

第四节　族王限令

一日函塔尔乘马拉木车，携嫔妃多人郊野出游。木车高巍，雕兽刻花，饰以族徽族旗，威风凛凛，路人无不敬畏。函塔尔游兴甚浓，随行嫔妃欢喜雀跃。马车沿山脚湖岸乘风飞奔，渐行渐远。直至日头西落东天灰暗，族王一行方收兴折返。

归至半途天即黑沉，周边山高水深野风呼啸，怪兽之吼不时传来。车内嫔妃心中有惧，簇拥一团。函塔尔故作镇静，语音不常。

车马疾奔，突遇路沟躲避不及，一车人马腾空翻滚。族王嫔妃摔翻沟下，人喊马叫乱作一团。随从甚慌，搀王扶妃，抬拉背驮，天亮始返宫中。

函塔尔怒甚，斩杀车手随侍多人。

三嫔妃呜呜呀呀叫疼不止，一停一起一呜两应，甚娇甚嗲。先怨天尤人，继责问族王，何时有飞车可乘，不受车翻之伤。西妃对族王曰，不再陪王出游，除有飞车可乘。余妃附和，不再陪王出游，除有飞车可乘。

函塔尔下令，限函含于月圆之际造出飞车，否则将予斩杀。众人听后无不惊怕，函含携妻儿老幼跪地告饶，族王不曾理会。

第五节　突得灵悟

函含闭户自省，家人愁苦万分。函含祈盼天帝启悟，冀有神灵相助。函含心知，惟得天帝之灵，藉天帝神力，方可成飞车之梦。

函含竭思尽虑，绝望之际突得灵悟。

函含挑来千年鹤木，冀鹤木通灵，可成飞车。鹤木长生千年，坊传多赋灵性，善解人情。鹤木多生峭壁，纤轻牢韧，时有山人不慎落崖，均得鹤木伸枝拦抱。民里均以鹤木为神木，敬拜有加。

鹤木亦可预知吉凶，每有恶凶事临，诸如天灾疫情，鹤木自会缩枝垂叶，围抱一团。每有喜乐吉事，鹤木自会张枝舒叶，招来翠鸟鹊雀。族人有习约，鹤木展凶象，家家足不出户，男女不工。鹤木展吉象，族人欣喜，百工诸事，无不吉祥。

函含仰视鹤木，祈拜再三，倾述心中愁思。但见鹤木似解人愁，应声飘摆，上下不停。

第六节　鹤木成车

函含遂挑选上好鹤木，精制木车。复雕四只赤足丹顶仙鹤，爪立木车四角扶柄。经马不停蹄昼夜赶制，终于月圆之际造成飞车。

众人见车，尤见四鹤栩栩如生，无不称奇。只是心有担忧，木车能否飞天。

函含面车而坐，闭目祈拜，旁人无敢惊扰。

外有嘈杂之声传来，族王一行驾到。函含妻儿恐惧，跪伏在地不敢仰视。函含如石所雕，纹丝不动。随从见对族王不敬，上前呵斥，为族王喝止。

函塔尔细察细看，见木车玲珑精致，车角四鹤灵气外显。然上前扶拭，见硬木而不见软羽，见死静而不见活动。函塔尔愠色渐起，责问飞车何飞？

函含无应，依旧坐如磐石，静似泥雕。函塔尔见状甚怒，挥手示意欲予斩杀。众人跪告求饶，周边泣声四起。

第七节　魂托木鹤

随从正欲上前，只见函含额筋暴涨，鬓间汗涌如注。众人惊诧，函含所流之汗竟为血汗。血汗赤红，浸染半襟衣衫。

众人皆恐，族王大惊。

半个时辰过后，函含血汗流尽，人如枯材，闭目而逝。函含躯骨不倒，魂灵归天。

转见木鹤尤得函含魂托，冠顶渐赤，羽毛闪动，目睛泛神。[①]

忽听嘎嘎几声长叫，四鹤合力，爪抓车柄，木车竟能腾空。木车渐飞渐高，快慢有序，转眼已上云端。高空盘旋一周，木车缓降，复停族王面前。[②]

---

① 万物有灵，人、物相通，故曰木鹤得函含魂托，由木而成活物。

② 古时曾有各类木制飞器，如《墨子·鲁问》载，公输般造木鹊，可飞三日。又有传：墨子为木鸢，三年而成，成而飞之，三日不下。

函塔尔甚喜，遂搭乘上去，左扶右看。随从亦上车作伴，四鹤腾空而起，携族王返回宫中。

飞车既成，函塔尔出行非飞车莫乘。族王常携嫔妃多人，畅游周边峻山丽水。

第八节　飞车向月

函塔尔一日忽有奇想，欲乘飞车探视月宫。传月上为仙境，遍地清风丹桂，更有佳丽曼舞。侍臣忧道途遥远，高不胜寒。然函塔尔决意无改，择佳日吉时，备美肴厚袍，携嫔妃随佣，飞车向月而去。

后人不见函塔尔归返。传王至月宫，身置仙境，乐不知返。

（图 49　飞车向月）

亦传王至天星，有去无返。族人日日期待，或曰月圆之时王可归，或曰月损之时王可回，然终不见归回。

第三章　冬甲造地龙

第一节　掘穴而居

冬甲之人实为微东族人所遗。微人先祖曾遭天雷轰击，火云覆顶，惟微东家侥幸活命，渐融于异族。经年繁衍流变，终成冬甲族人。

虽与邻人多有交融，然肤表体态有别于邻人，尤以身小、肤深、卷发、凹目为显征。冬甲人男高不足三尺，女人尤低，常居深山沟壑之间。尤擅掘穴而居，穴深可达百丈。

冬甲人掘穴有方，所造穿山地龙，可游刃于山岳坚石之中。地龙身披铁甲，三爪尖利，挖吞吐弃，入地万丈，远及天边。

冬甲人所居祺山、发岭一带，山中地下洞道纵横，洞口星罗，往来交通甚为便利。洞道亦可避灾，尤可避天雷火云。

第二节　挖损祺山神络

天历三百一十四年冬，冬甲地龙掘至祺山枢脉，挖损祺山神络。山神震怒，喷吐岩浆。岩浆火烫，四处蔓延，触木即焦，触人即亡。后祺山一带多礁石光岩，少树木百草。

冬甲人伤亡过半，遭此一劫，无人敢再造地龙，再掘洞道。所造地龙弃置不用，有谓地龙自毁，有谓缩变甲虫逃逸，成穿山甲虫。洞道多废弃，或为岩浆掩埋，后人只可偶见痕迹。

第四章　欧瑶成千里眼

第一节　天作之合

欧居山中，瑶居水畔。欧少年俊朗，聪慧敏行。瑶美丽贤淑，端庄善良。欧长瑶两岁，幼时以兄妹相称，成年结为夫妻，天作之合，天下无双。

第二节　冶炼制器

欧擅冶炼制器，可从黄石之中提金，从灰石之中取银，亦可将黄石灰石混炼，成金银合金。

一日欧取黄石三分、灰石二分，另加黑石、红石、绿石、砾石、硅石各一分，置于炼炉冶炼。炉内炼物五彩缤纷，金光闪烁熠熠生辉。欧甚喜甚期，封炉燃柴，计时控火，文烈交替。

第三节　炼物随洪而去

炼炉将成之际，暴风骤雨袭来。山洪暴发，泥石俱下，炼炉炼物随洪而去。屋舍冲塌，鸡犬不见。欧幸为大树所拦，方得性命保全。

欧伤心不已，水退之后四处察看。家地面目全非，遍寻妻影不见。

瑶为洪水所卷，一去百里开外。幸有浮木所载，停落山坡旁边。

坡地周边荒芜，不见一丝人烟。瑶遍体鳞伤，然神清肢全，可以野果为生。瑶四处探寻，只盼早日归家。然山峦叠嶂，荒沟纵横，实不知家在何处，路在何方。

第四节　各见炼物

瑶荒野徘徊，偶于草石之中见一亮物发光。物似圆镜，光洁铮亮，近看可显人影。仔细端详，疑为家夫冶炼之物，遭洪水冲落至此。瑶翻转细察，前抚后摸，认定此物非夫莫属。瑶将亮物揣于怀中，凉物变暖，似有心跳。

自飓风洪灾之后，欧终日落魄山野，夜夜难眠。念及爱妻杳无音讯，家舍物什荡然无存，欧心冷至极，直欲一死百了。

欧寻来长绳，高悬于树。正欲套颈悬身，似闻爱妻唤声传来。欧定睛寻看，四处并无人影，然有唤声不时隐现。

欧循声寻去，惊见声出之处有一硬物，亮光闪闪。欧惊喜，认定该物必是多石合炼之物，为暴雨冲凝所成。再细察看，物似铜镜，镜中人影晃动。

人影似瑶，双眸清亮，正深情凝望。欧揉目拭睛，又见瑶妻立于半坡之地，衣衫不整。欧大声呼叫，立时并无回应。欧将圆镜揣于怀中，似感温热外传。

第五节　心诚成镜

欧终日揣镜于身，昼夜不离。欧自发现，白日喧嚣镜影闪晃，人像不清。愈当夜深人静，镜中之像愈发逼真透亮。

一夜，云高月明，清风徐徐。欧辗转反侧，苦苦思念，与瑶不欲共眠，欲共不眠。

欧起身凝望圆镜，瑶之音容清晰在目，尤似相拥而谈。欧起身攀登后山高坡，镜影显现，爱妻亦正持镜攀坡。

欧一路攀爬，迅登后山峰顶，镜中传出瑶妻喘息之声。欧拼命呼叫，瑶在镜内听闻，竟可与欧对望交流。欧瑶夫妻甚喜，双双泪流满面。

欧瑶视闻如晤，尤在咫尺眼前。心诚所至，时空无间，欧瑶双镜竟成千里之眼。①

---

① 古时民间曾有传说，有一对神仙兄弟，兄高名，眼可观千里之外，称“千里眼”；弟高觉，耳可听八方远声，称“顺风耳”。此处是指欧、瑶双镜有千里眼之功，欧、瑶心诚所致，时空无间。

欧瑶各持千里眼，互观互闻，相寻而去，不日即得相见。

第五章　赛禺造时镜

第一节　家有两子

赛禺年逾古稀，早时苦烦尘世，离家弃室，独居松山之上。白日雀鸟为友，夜晚松林作伴。昼夜潜心静研，感天悟人，常得天启神谕。

赛禺家有两子，长子赛虎，次子赛豹。赛虎、赛豹娶妻生子，或植树培果，或播种粮谷，各自圈地劳作。然年前遇大旱，蝗虫遮天，草木凋零。遍地粮果无收，人饥牲亡，一片潦困。

惟松山东坡之下岛洲之地，得天之荫，果树茂盛，粮谷丰登。赛虎筑篱划地，赛豹修笆圈林。虎修豹拆，豹修虎拆，一来一往，日夜争夺无休。男女齐挥镐，老幼共上阵，强取豪夺，亲情不再。

虎豹相争，各据其理。虎曰年长于豹，洲地开荒先于豹。豹曰自幼玩耍于洲地，攀树摘果，捉鸟捕鱼，无所不为，遍留痕迹。虎豹争执不下，兄弟拔刀相见。

第二节　落山裁决

赛禺松山望闻，眼见亲子相杀，遂落山裁决。

赛禺修行已久，得天启悟，竟成时镜。所造时镜，状似铜锣，面如琉晶，光洁平滑，双面可视。一面为前时镜，可预知未来，显将行之事。另面为后时镜，可溯知往昔，显本源史实。

时镜惟通赛禺心脉，方可运用生像。时镜、心脉相通，物人合一，天眼开启。故时镜显像耗精费气，显像片刻，赛禺须静养多日。

赛禺临降，赛虎、赛豹各携家眷跪拜。虎豹向前，诉说天旱蝗灾之苦，互责不仁不义之举。

虎诉曰：

天旱蝗灾之下，遍地无收。惟岛洲之地有粮有果，皆因虎率家人拓荒开垦，以披星之勤血汗之劳，始得丰裕之收。然豹欲独据洲地，何理所在？

豹闻后曰：

虎言甚差。虎虽年长，然豹自幼贪玩，常往来洲地家居之间。洲地一草一木，豹尽了如指掌。豹亦筑渠引水，四处移花接木。如今天旱，蝗灾俱袭，虎欲蚕食洲地，何理之有？

虎豹互责，各不相让。

第三节　镜像为证

赛禺听闻，并不言语。遂取出硕大时镜，屏息闭目，运气通脉，片刻之后微微张目。

虎豹近看，大吃一惊，镜中影像历历在目。尤令虎豹匪夷所思者，镜中所现之事依时光倒序，无一遗漏。

镜中所显虎言之状，虎见甚气壮，怒目瞪视豹弟。镜中所显豹言之状，豹见甚气壮，怒目瞪视虎兄。时镜甚显蝗灾之前景象，直至虎豹幼时嬉戏玩耍，亦一一尽显。

（图 50　时镜图）

见兄弟幼时亲密无间，虎豹对视皆有愧色。见兄弟幼时同采同摘互喂美果，虎豹相觑口无所言。

赛禺满额大汗，放下时镜，对虎豹家人曰：

虎豹皆见否？幼时兄弟手足，两心无猜，并无争拗。天旱蝗灾来袭，兄弟理应互携互扶，共度难关。不想兄弟以利为驱，见利忘义，皆欲独吞独享。何以至此？何以兄不认弟、弟不识兄？

听罢赛禺所言，虎豹二人似有所动，半晌无言。赛禺翻转时镜，由后时之观转为前时之镜，镜内影像即按时光前行之序显现。众人甚惊诧，纷纷争观来日之事。只是赛禺气喘吁吁，精气难继，突撒手气绝，时镜关闭。[①]

众人皆悲。

第四节　承父衣钵

赛虎似有所悟，决意承父衣钵，离绝尘缘，脱俗修炼。赛虎登松山高台，每日研磨，专心修行。经年修炼，赛虎先成后时镜之能，可溯知往昔史实。后成前时镜之功，可预知未来人事。

赛豹携家眷专心耕种，洲地周边谷产丰裕，天旱蝗灾不常侵袭。赛豹亦偶离俗乡，松山探兄，求问天地人道。

---

① 赛禺所造时镜，既可溯知往昔，也可前观未来，寓指人对时间的认知。

第六章　百工竞场

第一节　匠工聚汇

松山西南八千里，西海之岸工坊林立，匠工聚汇，天下工事无不可见，人称百工竞场。

冶炼之工当以瑞意、德罗为精。瑞意擅冶黑金、红金，可从黑石、铄石之中炼取黑金、黑铁，可从砂石、红石之中炼取红金、红铜。所炼黑金、红金硬比石坚，锐比火剑，无所不承，无所不摧。

德罗擅冶白金、轻金，可从白砂、灰石之中炼取白金、轻金。所炼白金、轻金刚柔并济，加添石粉，刚如黑铁，轻如檀木。加添木油，柔如绵泥，细可抽丝，拔拉十里而不折。

制器之工繁杂，至精至奇。船舟水器品类繁多，型制各异，巨细皆全。有游泛水面，有潜行水中，巨者可载山，微者如细鳗。飞鸢空器多如林鸟，可载人运物，可逾山越海。铁甲地器多如地虫，坚者可穿石，柔者可过溪，行速快慢有序，前进后退自如。

第二节　智器神手

有极聪极慧之人，灵思开悟，制成精算之器。精算之器初以计数为能，微数巨数无所不计，及至无尽之数亦可推演。

后精算之器合以硅石、轻金，精设巧构，置罡山神龛三月，即成智器。智器得赋神功，可驻人声，可贮人影，可溯往昔，可预未来。

有超智之人名伊诺，集黑金、白金、红金、轻金、硅石、檀木之材，藉智器神功制成神手器。神手器坊称超度，意为超凡之手。超度几无不能，亦称万能器。

万能器功无不及，首擅度量测衡。凡时间长短，空间远近，均可度测细微。尤奇者可度测天上星辰，地下宝藏，海中鱼虫，及至万物存变。

有度测山底储金，于是众人移山取金。有度测海中有银，于是众人围海取银。有度测星辰繁多，于是有人企欲攀星登辰，拓开新地。

有王试以度测群臣之忠奸，度测群佣之勤惰，亦大致不差。有朝臣衣冠楚楚道貌岸然，然阳奉阴违，瞒上欺下。王几经测度，终得验证，凡奸诈之臣皆遭除杀。后有极奸之人巧用超度，机关用尽，巧设计谋，忠善之人反遭污陷，蒙无辜之冤。

第三节 无所不能

云高秋实时节，有匠人以超度为器，取阳精阴液合混，竟成母体孕化之功，造出活婴。活婴由成型至呼气自动，仅费时三月。后甚可取成人片肉，器孕培育，复制成人。复制之人渐大，竟同原人无异，音容举止分毫不差。

一日，突有成群超度涌出，其形如人，大小不一，高矮不齐。超度走街串巷，所到之处或喷气吐火，或泄粪排毒。众人见之，呼之不应，避之不及。超度力大无比，刁钻奸猾，出自人工，人反被制。

有超度称曰异能，以精金巧构而成。异能既成，无所不能。

异能径闯王宫，吸食族王，坐于王座，遂成新王。异能音貌与族王无分，昼理王务，夜寝王榻，王后不察。异能召宫内朝臣频颁王令，有令族人列队入海，有令族人自斩家人。族内上下不解，违者皆遭格杀。朝臣令官无奈，庶民百姓鼠逃。

第七章　天冰地封

第一节　工事恶胀

百工场内，工事恶胀，天地不胜，人为器奴。超度无所不在，工物暴行，灵道不畅，人性不张。

天地苦忧，天脸灰沉似地皮，地皮病瘠似癞痢。有天使巡游，见西海之岸人为器制，速报天帝。

第二节　升海百尺

天帝明察，遂升海水百尺，淹西岸于海底，遍野山岛即成大海。天帝复降大雪百日，冰封其上，冰如磐石，厚如高山。

自此百工竞场不再，人迹全无。惟少许禽鸟走兽，因善游耐寒而存活其上。

（图 51 天冰地封）

卷十　教化

《诗·周南·关雎序》:“美教化，移风俗。”中国古代儒家思想倡导政教风化，以此作为完善人格、治家理世的重要路径。事实上，教化是人类最基本的文明自觉。

第一章　帝山石铭

第一节　古有帝山

帝山位万国之中，诸族之央。山崖陡峭，巍峨耸立。登顶可观四面，落山可通八方。

面东山崖，峻峭光平，草木不生。崖上多有画符，以血砂涂之，硝烟燎之，经千年风吹日晒，愈依栩栩如生。

画符叙载开天辟地，尤记初人天生，中人演进，风雨雷电，兽禽竞处。天地万象无所不包，阴阳交合界有化变。

第二节　字符秘意

所显字符，似识而不认，似知而不晓，盖以天书所记，凡人难辨。然人图兽像之下，字符交错，诗画满岩，细辨可识秘意。记曰：

人之初，性本合。
恶有善，善有恶。[1]
善恶共，生亦克。

① 人性本善，还是性本恶？《孟子·告子上》："人性之善也，犹水之就下也。人无有不善，水无有不下。"《荀子》："人之性恶，其善者伪也。"此处言及人性，提出"人之初，性本合。恶有善，善有恶"的命题，而非简单地区分人性善恶。

心向善，灵之道。

身向恶，躯使然。

身心合，顺天道。[1]

帝山石铭多族传诵，妇孺皆晓。然彻悟其谛者甚罕，多为囫囵吞枣。惟智士灵道之人可大致明晓，而其妙在似晓非晓、非晓似晓之间。在似是非是、非是似是之间。在恒中有变、变中有恒之间。

（图 52　帝山石铭图）

① 此处论及善恶的关系是共生、共克的关系；论及“善之所依”（心、灵道）、“恶之所依”（身、躯）的问题。最重要的是没有简单的非善即恶、非恶即善的两极判断，而是提出“身心合，顺天道”的思想。

第二章 双面人国

第一节 前后有脸

帝山画符之中，至多者为双面人符。画之凿凿，人之切切，盖莫能尽。所记帝山之东南西北各地，昔时皆有双面人国。

双面之人，前后皆有脸面。

前脸端庄色正，慈眉善目。后脸貌似恶鬼，形态各异。因多以正脸示人，后脸渐小，常以多发遮掩。

（图 53 双面人图）

面由心生，人有双面，盖因内有双心。一心向善，一心向恶。善心以善面向人，恶心以恶面向人。

第二节　正面向人

有修善好义之人，得天帝灵道指引，立卧皆举善行。天长日久，后向恶面渐萎，终为毛发覆盖，只剩正面示人。此为善人，得庶众敬慕，尊为正人，誉为君子。

世人渐觉恶面为丑，多以正人为范，多举善行，弃恶扬善。习之为积，好之为常，双面之人善面渐大，恶面日微。有恶面硕大者，人多不愿为伍，交往婚配日难，现于人群，多遭白眼。

经年久后，芸芸众生皆以善面示人，恶面渐微，藏而不露。

第三节　心藏深处

然面变易心变难，因心藏深处，并不见日示人。故人之善恶两心故在，大小因人而异，实难测量。不同之人，抑或同人之心，亦因时因地而异变，并非恒定。

天帝观之，喜人向善弃恶，施行教化之道。天帝亦忧，恶面可掩而恶心难除。尤忧善恶难辨，善恶通变。

第四节　切心术

一日天帝遣天医降临，欲行切心之术，为人除恶心。众人列排施术，天医不分男女，逐一开腔摘心。双心止留其善，黑污丑陋者除之。多犬侍旁，见之抢食。

然人之双心之中，善恶交叠，形同色混，实难区辨。若皆除之，人无心则死，不死则兽，遗害甚大。更有多人双心合体，无所分辨，难以断开。亦有惧怕施术者，趁黑夜逃遁山林。

天医无奈，归去禀告天帝。所经摘心者，亦难存活长久，更难留后。

第五节　识心难

双面人国经多年变演，渐成单面之人。后双面人国消逝，世存均为单面之人，多以善面示人。

然面皮虽一，面容万多。善面易呈，秉性难改。时面由心生，由相知心。时饰面隐心，善恶不辨。

故曰识面易，识心难。一时识心易，恒久识心难。

第三章　绿齿人

第一节　隐于群人

帝山周边，昔有绿齿人隐于群人之中。

绿齿人常时与人无异，开口言笑显皓月白齿，友善亲近，其乐融融。每遇适时之机，恶邪由心作祟，其齿由白变绿。绿齿硕大，锋利无比，或吸吮人血，或戮食人肉，尤以妇孺良善之人常遭食杀。

绿齿人生性狡黠，汲血食人常乘人不备，不为人知。事毕之后不留迹痕，半日不出，绿齿即复原状。经年久多，偶有绿齿人为人发现捕捉。

第二节　美果诱童

一日傍晚，七八小童嬉戏于山边槐树之下。一绿齿人近前，图以美果诱童，引入林中噬食。然小童沉湎嬉戏，食果而不离群。绿齿人无机下手，无奈而渐愠，口内绿齿显露，贼人以手相掩。

小童稣泰不慎跌倒而伤，倒卧一旁歇息，余伴续戏乐。酥泰瞥见贼人似有绿齿，心中惶恐，偷偷回村禀告族人。

族人壮汉多人赶至，绿齿人抿嘴憨笑，似无异样。族人问之，贼人应而不答，边礼应边起身欲逃。众人将其扭住，绿齿人终掩饰不住，露出满口利齿。众人痛打之，石击棒捶，终成肉泥。

（图 54 美果诱童）

第三节 乡人俗规

乡人渐有俗规，妇孺夜晚不出门，三人之下不外行。十里八乡多有壮汉巡戒，凡遇绿齿之人，皆群起围打击杀。久而久之，绿齿人不敢妄为，偶在夜间出游。后噬血食人者渐少，多行偷鸡摸狗之盗。

亦有绿齿人受外众之迫，自省自耻，欲行善抑恶，每遇恶欲起，咬齿以抑制。其人绿齿渐小渐淡，惟后牙之根遗有残痕。绿齿不再外显，然绿齿人混于人群，恶念难绝。

第四章　尾人国

第一节　人长毛尾

帝山以西偏南约五百里，有国曰尾人国，国人皆长毛尾。其人行事为欲所驱，行南辄南，行北辄北，与兽相仿，亦称兽人国。

第二节　为所欲为

国王乌里出身庶民，力大无比。曾有三千狮身虎头怪兽侵袭，百姓死伤不计其数。乌里率人抗击，一人杀兽无数，后被族人拥戴为王。

乌里为王，威高权重，为所欲为。

凡遇美女，即掳为妾奴，毋须避掩。凡遇美酒，即就地畅饮，烂醉成泥。凡遇爱物，金银珠宝、绫罗绸缎之类，即攫而取之，宫内堆积如山，腐烂如泥。见肥羊家禽，即令捕捉，回宫宰杀。食羊仅食羊鼻，食鸡仅食鸡舌，余皆弃之。

第三节　群起效仿

乌里之下六宫朝臣，敬王俯首贴耳，理政无敢谏言。王不在场，朝臣群起仿之，深入民里，搜刮民脂。权贵尔虞我诈，或径相倾轧，或向王献谗，藉王之力致敌于死。

（图 55　王尾粗长）

庶民穷苦，先任权贵宰割，后有样学样，蜂拥群起。能食则食，能夺则夺，能窃则窃，能抢则抢。日落西山如兽寝，日出东方从头起。

斯国上下，人皆以尾为荣。位愈高尾愈大，位尾相应，见尾知位。国王乌里尾粗且长，直立于后，高过头项，可左右舞动，可前后倒卧，威严无比。

朝臣权贵，各有中长之尾。粗细长短大致，或竖或拖，因时因地有变，百姓见之，无不畏惧。至于庶民百姓，亦长兽状毛尾，只是短小，多夹于身后，不易显见。大尾者趾高气扬，小尾者受尽凌辱，终日郁闷不欢。

第四节　兽性畅行

族内兽性畅行，少人能异。王者率先，权贵后继，庶民仿随，个个恐后争先。

饥者不择食，尽物可吃。贪者不择物，凡物皆取。族内上下人人自危，昼夜惶恐无所着依。

有乘乡民沉睡之机偷割人耳，偷挖人目，断人手足，窃人脏腑者。有强盗活人，解而食之者。被掠者多为妇孺，或为己享用，或转于他人，换金易物。

第五节　互视异类

族内皋觉一支邻水而居，身有尾而心另类。族领皋觉得天道启悟，厌恶尾人类兽，率族人远去，行至东方无尾国。

无尾国人皆无尾，或有尾甚短，可触不可视。其人自食其力，节行有制，夜不闭户。陌人相见友善和气，亲如家人。

皋觉诸人抵至无尾国，有尾无尾者互不相适，均以异眼相看，彼此互视异类。

无尾者鄙视有尾者粗俗类兽，有尾者怨怒左规右矩不知所措。无尾人或强制以待，或循循诱导。有尾人始时手足无适，后自惭

（图 56　互视异类）

形秽，兽性渐改。

有尾人欲成无尾人，或自断其尾，或为人所断，渐与常人同样。有断尾者断而复生，生而再断，反复多次。经年之后，皋觉后人多无尾，习性养成几与无尾人类同。

皋觉去尾之历至为神奇，不时传至尾人故国。尾人国人闻之多有逃离，庶民权贵皆众。

第六节　尾人国民反

天历三百六十三年，尾人国民反，见尾长者即杀。乌里王老朽无力，亦难逃劫运。未遭斩杀者多自断其尾，一时间人尾遍野，皆成犬食。后多有复长其尾者，然不敢显露，惟紧夹于股后。

此后其人皆无尾，常人多留尾痕，不见尾体。邻里相处，渐少兽性兽行。凡以兽性兽行见世者，皆为人不齿。

然因尾基所在，每遇适机，常有复生复显。每约六至八代，或循复一轮。

第五章　独目人

第一节　一目竖额

帝山以北八百里外，昔有独目人国。

（图 57　独目人）

独目人止有一目，竖于额面之中。独目人周身毛长，或黑或褐，故有称独目毛人。独目人视距三尺，三尺之外物不可视。所视者多为可食之物，或为可易食之物，余者皆视而不见。

第二节 来者为异

一日，有夏国之人玛甫一行十数人游至，引见于独目族王野桑。野桑见来人双目横置，大为惊诧，不知何物。周围众人无不惊诧，皆视来者为异物。

野桑近绕玛甫环视，除双目横置体毛稀少，余皆无大异。野桑见玛甫身披绫罗，颈饰贵器，亦感好奇。再观玛甫随行之人，个个身披锦缎，各配饰物，手持闪光宝剑。

玛甫行作揖之礼，表友善之意。野桑视若无见，无有回应。玛甫言曰来自夏国，西行寻道途径此地，心无恶意。野桑听若无闻，命手下将玛甫围住，欲擒而杀之，以食其肉。

玛甫一行个个身怀绝技，手持利剑。见野桑欲行不善，纷纷亮出宝剑，忽攀高跃低，忽左冲右杀。独目人视短身拙，乱作一团，杀敌不成却自相残杀。

第三节 承天习道

独目人众，然无奈视短，终不敌玛甫一行，死伤成片。幸存者见状纷纷缴械，愿从玛甫习道。

玛甫承天道之启，遂携独目人颂天悟道。独目人随玛甫日出而作，日落而息，循序渐进，依文化人。其间有叛道悖逆者，或被斩杀，或逃逸不见踪影。

经年之后，独目人后裔渐易竖目为横目。后又渐易独目为双目，横列额前两旁，可双目并视。三百年后，独目人国渐逝，独目人终成双目之人。

第四节　心目为要

有载曰，一目视物，双目视道。亦有曰，目可视道，不在单目双目之别，而在有无心目之别。有目无心，双目何用？故以心目为要，心目观道，人行正道。

第六章　日月歇隐

第一节　万物萧杀

天历四百一十七年，帝山西北三千里，葛昆之地日月歇隐，终年日月无出。秋至以后雪飘不止，天寒地冻，万物萧杀。

第二节　家奴三千

巴敖有家奴三千，终年为其耕猎。是年昼短夜长，粮果无收，鸟兽绝迹。巴敖常遣壮士入民间搜刮，有粮者收缴，有禽者捕捉。民里饿殍遍野，巴敖粮积如山。

乡民多以树皮为粮，甚以冰雪充饥。饥饿至极，亦有以人尸饱腹。饿殍未及掩埋，即被盗抢，争尸互残者司空见惯。

巴敖暴酷，家奴年老无用即遭弃置。哈努尔年近七旬，侍佣巴敖五十有年。巴敖旧情不念，逐其出门。众人求告，巴敖不为所动。

第三节　二孙伴行

哈努尔眼噙老泪，与众道别。众人不舍，含泪相送。

有侍童哈里、哈法，自幼随哈努尔长大，不忍老人离去，偷偷后随。

行至山崖高处，见哈努尔临崖伫立，目视远方。哈里、哈法赶至哈努尔跟前，抱膝扯衣，相拥而泣。哈里、哈法齐曰，若哈努尔投崖，二孙必随之。哈努尔承允老不轻生，祖孙三人遂作伴西行，远寻巴夏。

巴夏乃巴敖之弟，幼时与巴敖同受哈努尔照料。巴夏自幼志向高远，当为之年率壮士三千，远赴西域开疆拓荒。巴夏开明善治，重义崇仁，名声远扬。无奈疆道万里，投奔者多有去无返，多年来只闻其名，未见其实。

夜幕降临，哈努尔携哈里、哈法寻洞而居，相偎相依。祖孙三人昼行夜伏，餐风沐雪。三月跋涉，老幼精疲力尽，仍不见巴夏踪影。

第四节　祖孙互誓

哈里深夜醒来，不见哈努尔身影，立唤哈法出外找寻。寒风劲吹，见哈努尔伫立高坡，西望天星。

哈努尔对孙儿曰：

日歇复月隐，久未见星光。今夜明月高升，满天亮星，是为吉兆。月宫以西，尤有瑞星高悬，清晰明亮。瑞星所指，应为巴夏所在。二孙依星前行，定可抵巴夏之地。

哈里、哈法仁善为怀，年少志高。若得天道启导，日后必堪大任。孙辈尚幼，来日路途漫长，切望锲而不舍，欲百弃而不弃。切记宁失小节，不失大志，尤不可顾小节而损大志。

哈里、哈法默听而无语，以心相应。哈努尔曰：

哈努尔年老力衰，肉身枯朽，无力相伴前行。然我心与孙儿同在，我灵与孙儿伴行。

天道相佑，二孙前行，巴夏之地指日可达。哈里、哈法

（图 58　祖孙互誓）

须随我起誓，永依我言，百弃不弃。[1]

哈里、哈法随哈努尔举手互誓：永依所言，百弃不弃。

哈努尔续曰：

天帝在上，天道无疆。我以肉身祭天，哈里、哈法须依天行道，代天用祭。惟照此而行，哈里、哈法方可走出冰雪荒地，抵至巴夏圣地。

第五节　百弃不弃

哈里、哈法噙泪起誓，依天行道，代天用祭。哈努尔似蚕丝

① 言指要有恒心，有一百次放弃的念头也没有放弃，事情就可望成功了。

抽尽，双目渐闭，告慰而去。

哈里、哈法驮负哈努尔，依星所指，踟蹰前行。哈里、哈法尤感哈努尔并未离去，仿如安睡一般。行进之中，每遇忧惑，即对哈努尔诉言，可得哈努尔心语。每饥饿至极，即以哈努尔之躯为补，经久数月，其躯微而不残。

欲百弃而不弃，经三百三十三天前行，哈里、哈法终至巴夏之国。

巴夏详询细况，哈里、哈法一一述说。巴夏见之闻之，不禁悲恸，遂率众人厚葬哈努尔于西峰之巅，立碑铭记。

巴夏之国尊礼重义，尚德崇仁，典严制明。损人者为人损，助人者为人助，通则守约，信诚以待。国内老弱无欺，强壮不恃，有者均天下，无者天下均。

第六节　乐未忘返

哈里、哈法渐长成人，然乐居而未敢忘返。经年预备，携精兵八千，杀返巴敖之地。

巴敖治下民不聊生，皇族皇戚花天酒地。哈里、哈法攻入巴敖内宫，生擒巴敖，众人拳脚相加，毙成肉泥。哈里、哈法率兵开仓清货，尽见粮果禽肉，男女老幼人皆分之。

日月如常，昼夜交替。巴敖苛政终灭，哈里新政将启。

第七章　王入歧道

第一节　推施仁政

哈里主政，哈法辅佐。

仿巴夏之治，开荒耕垦，教化民众，推施仁政。经数十年而治，粮果丰裕，民众腹饱衣暖。哈里威高望众，深得百姓拥戴，所到之处前拥后呼，民称万岁。

第二节　乐而忘忧

一日哈法进宫拜见哈里，侍佣不允，使其外宫等候。原哈里正于内室伴妃嬉戏，无暇晤见。嬉戏之声不时传出，半晌之后哈里整衣理冠，出见哈法。

哈法曰：

经年励精图治，粮草丰裕，民生有改，然尚不足高枕无忧。昔时饿孵遍野民无聊生之景，似尤在目。

哈法近日夜夜难寝，心有空惶，忧天有不测，地有不预。心恐日歇月隐复现，雪盖冰封重来。若不防患未然，届时急救，当为时必晚。

哈里听之，点额未语。

第三节　骄侈暴起

哈法曰：

尤甚者，当下骄侈之风暴起，逐物纵欲日盛。上君若无节，下民则无制。沉溺淫乐，有心无道，唯物是求，人与禽兽何异？

有身须有心，有心须有道，身心载道，方可道以引道。有道引道，人自识途，民自有序。万民有序，方可有代相传，续持久远。

哈里闻之，面露愠色。反诘哈法，何以为道？并称：王即为道，王道即为人间至道。

哈法曰：

王与庶民，有异而大同。

异者，王为民之首。大同者，王与民共生。况王与民立乎同地，盖乎同天。无地之撑，岂不悬空随飘？无天之盖，岂不暴顶成焦？

哈里曰：

法言不谬。然民不需王道？民无王道，何以成民？王无王道，何以为王？

第四节 上承天道，下载民意

哈法曰：

王言极是。民无王道，民成流民。王无王道，王成流王。[①]然王道乃成王之道，王之成王，上承天道，下载民意，方成天下民王。王道合天道，顺民意，天、王、民三合有序，方可国盛民生，王道久远。[②]

哈里曰：

里之所为，不合天道？里之所作，未顺民意？若不合天道，天何以助里消灾，使民有衣有食？若不顺民意，民何以拥里为王，祈里万岁？

哈法曰：

王言极是。盖因巴赦苛政，王、民相悖，民、国两分，

① 流：放纵，无节制，无规范。流民：无规范之民。流王：无节制之王。

② 此处言及“王道”的内涵：上承天道，下载民意。提出天、王、民“三合有序”，方可国盛民生。

其政必灭。王承天道顺民意，方改天换日，始有今朝。

然王不见，当下纵欲拜物成风，恃强凌弱日甚，民怨积深，万不可小觑。尤为忧者，人心无道，随欲任行，如兽放野，所去何方，未可知也。

王道非一己之道，而为天地普道，即合天道。天道无疆无垠，所以造化万物。王道非人欲之道，而为人仁之道，即合仁道。仁者人人，即普济众人，而非一人，亦非少人。

上合天道，下合仁道，普济众生，方成王道。[①]

第五节　三制有序，天人相合

哈法观望哈里，续曰：

食色性也。无食无色，岂为人乎？然好食而不贪，喜色而不溺，食色有节，适而有制，即为人道，亦合天禀之道。

王之为王，当因王命。王命超乎凡民，王道行之天下，当在上有天制，中可自制，下可他制。天制者，循天道是也。自制者，自省自节是也。他制者，念及普罗，垂范众生，约制民里是也。天、王、民，上、中、下，三制有序，天人相合。[②]

① 此处续论天、王、民三者的关系，上合天道、下合仁道，可中成王道。

② 此处论及王的“上制”、“中制”、“下制”。上制为“天制”；中制为“自制”，即王的自制；下制为“他制”，即施制于民。

哈里有所思，而无语。哈法又曰：

王道行之天下，引之凡民，当知天而晓民。知天者，即知天意明天道，王道之上有天道。晓民者，即晓民意识民情，王道所立基民心。

当以天道开启王道，以王智开启民智。民智升则王道畅，王不崇智，民智何升？民智愚顽，王道终不持久续畅。现王智有蒙，民智蔽塞。上下众生，蠢蠢欲蠕动，昏昏似蛆虫，虽危言而不耸听矣。[①]

哈里如坐针毡，面色复变。

第六节 人言无信，类同犬吠

哈法续曰：

尤可惧者，人言无信，类同犬吠。犬吠噪噪，听之罔罔。人言凿凿，言而无信，岂不与犬吠无异？人言犬吠无异，岂不人犬无异？

言为心声，言无信盖因心无诚。言由心出，行由心动。心若无道，则言无信诚，行无正途。言无信诚，行无正途，

---

① 提出以王智开启民智，王道方可久畅。

则王道必覆，天道必出。[①]

哈里听之，心有所动。然疑天道何存，由何而出。饮食起居，肌寒肤暖，真切在身。然天道何其缥渺，内不关饥饱，外不关冷暖。

第七节　以道为天

哈法曰：

国以民为本，民以食为根，同以道为天。[②]

天道在天，尤在人心，在所不在。天道之行非一日之功，非一人之心，乃亘古万久之行，普罗万众之心。王不可疑之，民不可不信之。

哈里听之，心有所动，行有所应。承曰躬身力行，效施于民。

然三月未出，哈里自觉躯体之内似有蠕虫侵扰，无以忍受。始时坐卧不安，随之昼夜难眠，终至六神无主，七窍生烟。哈里难拒美女佳肴之诱，复入岐道，日夜沉酒溺色。

身边侍臣蜂拥而围，争先恐后投其所好。王心想之，即有献之。更有巧计之徒，揣摩琢研，悟透王心所念，王所未想，亦会先而为之。哈里悦之，封爵赐赏，各得其索。可谓美女佳肴金玉杯，日出日落复西归。

---

① 此处强调“信”的重要。

② 此处论及“国本”为民，“民根”为食，而国与民皆须统于“道”下。

第八节　成败哈里

恶邪畅行，良正阻滞。天道掩没，人心污垢。人之熙熙，甚如猛兽尽出。

天历四百五十七年春，哈里欲纵无节，突崩床第之上，年仅半百，笑谓万岁。朝内朝下，各揣所思，各执利欲。举国百姓，多昏昏然，无动于衷。世风日下，国势必衰，可谓成之哈里，败亦哈里。

第八章　鹦鸟夺肴

第一节　天子真降

哈法继位为王。

（图 59　鸿雁翩翩，映晖而翔）

天子真降，有鸿雁翩翩，映晖而翔。

第二节　举步多艰

哈法弘倡天道，教化世风，治吏制法。虽呕心沥血，无奈尾大而不掉，举步多艰。

自哈里驾崩哈法为王，朝臣上下皆有所敛。然利欲暗驱，如高坡泄洪，山石难堵。诸臣欲以前法侍现王，王者万人之上肉躯之人，岂无所欲？诸臣试以美言媚之，美女娱之，美肴餐之，诸般殷勤，微步渐进。

哈法未有所动。臣有所惧，心有所怨。

哈法秉直，诸臣仿以秉直。哈法亲民，诸臣仿以亲民。法自喜，然不久即察觉，诸臣王前王后不一。王前清廉自守，王后声色犬马。王欲搜证惩罚，无奈众臣滑如鳅鲶，阻如磐石，无从着手。

哈法训言，诸臣即振臂应之，并转示庶民百姓。胆怯者立为所动，世风有好转。然浮萍在上，暗流在下，湍涌回旋，较往昔实有过而无不及。

第三节　招惹暗愤

昔时哈里在位，哈法进谏，言之凿凿却不为哈里纳用。今哈法理政，躬行楷模，臣民得有效仿。然众生芸芸，利欲熏熏，止己正不足正天下人，甚或招惹暗愤。

哈法理政，纵为大王，亦遭得利奸臣密谋。或谗言设陷王侧忠臣，或栽赃嫁祸，令王自断左膀右臂。或藉王之名，假王之威，偷梁换柱，暗谋其私。或昏昏然懒如猪，蠢如驴，不作不为。有奸臣老臣软硬兼施，百般逼迫，阴招迭出，甚欲置王于死地。

第四节　鹦鸟护主

哈法立王五载之际，宫内朝臣设典庆贺。

典庆之间，有鹦鸟飞至王前盘旋，周而复始，驱之不去。鹦鸟为哈法宠养，通灵性知王心。王有喜怒哀思，常与鹦鸟诉言。每当王有烦闷，鹦鸟常飞落面前，或凝望慰藉，或轻展羽翅逗王舒心。鹦鸟识情达理，从不扰王政务。现于典庆之间来回飞翔，驱而不离，实令王感诧异。

尤令众人惊诧者，鹦鸟将哈法入口之肴飞夺而去，惊慌四座。但见鹦鸟盘旋两周，发出嘶鸣，跌落王前。鹦鸟欲言未言，颈项直展，绝气而毙。

众人大惊，乱作一团。

王怒而查之，原有奸臣投毒，欲置王于死地。幸得鹦鸟护王，口中夺肴，佑王幸免于难。

王大怒，查斩奸臣私党多人。后王封臣多慎，用人存疑，疑人善用。[①]

---

① 古人常谓，疑人不用，用人不疑。此处倡“用人存疑，疑人善用”。

（图 60　鹦鸟夺肴）

第九章　天星显秘

第一节　繁星闪烁

哈法夜夜不寐，经月有年。

一日夜深人静，哈法孤寂无眠，步出寝宫，东临高台。微风细拂，哈法神清气爽，似有灵悟。举头仰望穹空，万千繁星闪烁，似与王语，笑观苍生。

云浮月移，一路向西。高悬之星始近而远，由远复近。哈法入神观望，竟觉天人相融，天心开悟。

第二节 天字同现

哈法细观，竟见亮星呈显“道”字。片刻之后，亮星变移，呈显“约”字。复过片刻，亮星呈现“仁”字。而后亮星复移，呈显“法”字。

哈法惊惑之际，竟天字同现，由四方聚集向中，合显“道、约、仁、法”四字。天字由高至低列排，彷如四轮皓月。

天星之下，天光普照，万物尽览。哈法罩于天光之下，身感天人无间，凡灵无界。

哈法心记“道约仁法”天字，以王剑刻于磐石之上。翌日天亮，族人多有相传，谓夜间天光普照，天星显秘，惜无人可以识全。

（图 61　天星显秘）

第三节　哈法合治

哈法终日思忖，汇古通今，由己及人，由王及民。年五十又九之时，得天启开悟，遂施道约仁法合治。[①]

哈法合治，要在道统为体，体有脉骨。融汇为用，用有旁通。“道约仁法”本义贯通，因地制宜，本末兼顾，软硬兼施。[②]

第四节　首顺天道

哈法合治，首重顺天道。世间繁复，有界而无涯。众生芸芸，

（图 62　天道在上，纵横经纬）

① 此处论及的“道”、“约”、“仁”、“法”概念，在这里被认为是文明演进过程中形成的最具代表性的核心思想。“道约仁法合治”，意即吸纳文明成果，施行综合治理。

② 论及“合治”之中，“道统”与“融汇”的关系，是“体”与“用”的关系。

可化而易变。世因道生而有序，民因道出而有灵。

以道为纲，日出日落，经纬有序，往复持久。以道为灵，人之为人，族代交替，尤可持续。

哈法尝曰，化民治国以敬天道为要。天道在上，纵横经纬，无所不遮，无处不至。天道失，世纲损，万物衰，人可外乎？治国理世化民，道不明则心不亮，心不亮则路不畅。

惟人生之初，目视短浅，识硬物而不识天道，识走肉而不晓灵道。道之广大，普天之下无所不在。然道不似硬物张目可见，不似走肉唾手可触。惟以天目可视，惟以诚心可悟。

故天道存于人心，心有道人有灵，人有灵道，世维有序。人心无道，欲水横流，人为鱼鳖。人之别于走肉，盖赖于心有灵道。

第五节　以约为通

人非个人，以约为通。人无约识，则物易无衡尺，心交无路桥。约为心桥，有约则通，守约则信，有信则立。

君信须臣信，臣信须民信，民信须君信。君、臣、民信同约通，国无不立，民无不治。君、臣、民信悖约滞，各念东西，国则危殆，民行大地，皆成兽虫。

第六节　以仁为和

人须爱人，以仁为和。以己心及人之心，以己欲及人之欲，即为仁，人可和。惟己心而罔人心，惟己欲而罔人欲，人则妄为，纵欲逐利，失和而争。

第七节　仁不离制

然道不离器，仁不离制。哈法经国化民，以法为制。订凡三百六十五律例，含敬天帝、孝父母、善邻里、不欺诈、不贪夺、不偷窃、不侈靡、不耽淫，各类律典应有尽有。

哈法颁重典，依法施制。

首自制而他制，先官制而民制。法制利国，厚利庶民，薄利官宦。不出五年，受极刑者逾三百，含皇亲国戚多人，官宦自绝自尽者众，日日有闻。举国上下，依法为制，民无不服。[①]

第八节　国民相合

哈法有悟，国之泱泱，浩大纷纭。民之芸芸，万千丛生。民、国一体，国之可兴。民、国两分，国之必亡。[②]

治国化民，必以国、民相适相合为要。国、民相适相合，必以治国制式、化民心性为要。国制、民心相适相合，则天道、人

① 此处认为，施行法制首先“自制”，然后“他制”；首先制官，然后制民；对庶民百姓有厚利，对官宦有薄利，如此依法为制，民无不服。

② 论及“民”与“国”的关系。民、国一体，国家兴盛；民、国两分，国家必亡。

道可适可合，此乃治国化民之至要。[①]

第九节　梦想成真

天道无疆，人道有痕。哈法秉“道约仁法”之治，经数十年教化治国，终梦想成真，使哈法之国内盛外强于众国诸族之中。

有谓天启而心开，心开而道行，道行而路通。

第十章　菩度行道

第一节　菩度返家

哈法治下，有凡人名菩度，自幼勤勉，心地纯善。弱冠之年即承父雇约，离家长工。

年复一年，三十载恍如一瞬，不觉已届天命之年。平日起早贪黑劳作不让，深得东家嘉赏。年关将至，菩度上念父母下牵妻儿，不禁怅然有叹：

魂牵梦萦思旧土，我心归故家。他乡搏利枉图名，身筋

① “国”与“民”如何一体？此处论及“国制”与“民心”相适相合，则天道与人道可适可合。

疲，心惶惶。儿时戏水有清溪，今日何处寻？邻家小妹已珠黄，清月叠残阳。

岁月匆匆留不住，鬓发摧槐黄。眼望秋水东流去，留不住，源细长。天命似知心犹在，前路向何方？惟见天际卷轻云，鸿雁排行行。

冬至将至，菩度结清工钱，备好衣粮，告别东家工友，踏上返家之路。

第二节　一路崎岖

一路崎岖山道，途有四浅两深六道河湾，六低三高九座峰峦。八百里山路顺者十日，不顺半月可抵家园。只是年事渐高体不如前，菩度只得察天观地，酌力而行。

两日跋涉，日头西落之际，菩度行至莲山脚下，借宿山民品茬之家。

第三节　山民品茬

品茬育有两女，以采山货为生。是年天灾频频，加之老妻多病不治，一家三口度日艰辛，常以树皮充饥，甚以兽粪作食。菩度入其洞窑，取囊中干粮，与品茬家人共享。

正欲进食，洞外传来马蹄之声。未及细看，催债之人策马至前。

债主已三登其门，曾言今次再无还债，势以品茎两女作抵。品茎长女十四，次女过十，纤弱秀美。品茎见状，急忙跪地求饶。债主见状，不由分说即令带人。两女惊恐，躲于菩度身后。

菩度上前，详询债况。听闻债主道来，菩度自解背囊，以全年积攒三取其二，还于债主。债主悻悻离去，品茎千恩万谢，愿以一女酬谢，菩度慰拒不允。

第四节　夜宿艾巧

菩度翻山涉水一路前行，行至第五日，夜宿艾巧之家。艾巧聪智刁钻，有雁过拔毛之能。每有路客来居，必以贫寒相示，以搜脂刮膏为终。

听闻家犬吠叫，知有路人临来，艾巧即以苦状相迎。其情悲戚，致人怜悯。菩度见之，不禁心酸，取出所剩银两之半，留于艾巧。

第五节　梨花大雪

菩度夜宿昼行，行至十日，故家远山已极目隐现。

然天有不测风云，午时未过，北风骤起，大雪普降。雪大过鹅毛，雪色似梨花，白中泛红。菩度心慌，一生见雪无数，然未

（图 63　梨花大雪）

见梨花大雪，心中不辨吉凶。

雪大风急，荆棘老树三尺不见。忽闻家犬吠叫，菩度心喜，循声而去，望见炊烟袅绕。

第六节　风雪益暴

菩度敲门，有妇相迎。室内惟见一妇一家狗，左顾右盼，再无他人。

家妇名曼陀，四十挂零，似曾相识，未曾相见。平日独居山中，有猛犬为伴。今有陌汉雪天造访，颇感诧异心慌。菩度观望外天，大雪不止反暴，欲行不能。

不觉天黑，菩度、曼陀分处两边，和衣而卧。中有取暖木火，时闪时暗。黑夜渐深，木火渐息，风雪益暴。

菩度可闻曼陀喘息，知其醒而未眠。曼陀可嗅菩度呼气，知其闭目遐想。菩度欲言又止，曼陀欲语还休。

双人佯睡，菩度心如翻江，身似虫咬。曼陀思前想后，心涌似涛。菩度时念家人妻室，时谪己有非分之想。如此反复，不觉时过三更。

久未入眠，曼陀宽解外袄，舒身仰卧。有女香袭来，菩度实难自抑，起身行至曼陀身前。曼陀并不张目，欲言又止，欲迎又休。菩度俯身相拥，曼陀顺势而前，两相交环而抱。

旁卧家犬突怒，咆哮而起，撕咬菩度不放。二人惊吓，曼陀急呵斥，猛犬转而迁怒，直扑曼陀。二人合力自救，悻悻分于两旁，每欲近身，猛犬即怒。

曼陀掩面而泣，菩度不知所措。

第七节　天亮雪小

天亮雪小，菩度起身赶路。曼陀欲留不能，噙泪依依不舍。菩度怅然而别，逝于雪石山林之间。

菩度摸索前行，餐风沐雪，豺犬挡道，九死一生。次日天黑夜深之际，终抵村口。一路冻饿交迫，菩度几近昏厥。

第八节　夜深抵家

菩度敲开家门，妻室惶恐，不知所措。菩度细瞧，原家弟在内，已不居家，鸠占鹊巢。

菩度外出年余，昼盼夜思，眼前所见，如雷轰顶。妻弟二人跪地求饶，菩度瘫坐，无以言语。

第九节　悲戚离去

长夜漫漫，寒风凛冽。天亮之际，菩度解留所剩银两，悲戚离去。其妻左求右告不得允应，惟呼天号地，泪别家夫。

第十节　又见梨花

菩度行于荒野，不明所去。三日徘徊，又见天降梨花大雪。菩度体力不支，终昏厥倒卧于雪地草丛。

待其苏醒，惊觉周身暖热，置身曼陀屋舍。

菩度不解，左顾右盼，断定非梦。菩度心悸猛犬，四处寻望。曼陀识其所惧，告曰猛犬不会再扰。

第十一章　士耕尔织

第一节　凡常人家

帝山东南八百里，依山临海，居一凡常人家，男名士，女名尔。

士以耕为作，尔以织为业。士耕尔织，朝起而作，日落而息，日复日年复年，风雨如常。

居旁有园名澳园，园内果树遍地。一树千年不老，隐于半坡深处。传曰此树生于天帝定命年间，其时天火暴降，万物皆灭，惟有此树生而不死。

第二节　元树元果

树叶树貌与常无异，然树果有甘有辛，仅观外象不可辨识。先人称树为元树，元树结元果，亦称甘辛果。

元树至奇不在甘辛两果共结，而在凡人采食，无可尽甘尽辛。所采两果必有一甘一辛，第三果者辛甘难定，或辛或甘。故若三果两辛以为常，三果两甘实为幸，三果尽甘无可能。

士祖居此地，了然其秘，尝曰：

一棵元树三只果，甘辛未知各一颗。两甘一辛好运气，一甘两辛尤常可。

（图 64　元树图）

凡常之人不明事理，纵为超智之人亦难了悟，多以尽甘为求。世人有脑汁绞尽，有千试万探，实皆枉然。

第三节　满者至反

天下世事实皆亦然，十分者为满，满者至反。凡事十之六七即为常，果物诸事如此，人之善恶吉凶亦不例外。

世之本义，乃数数之奥。世本为数，物本数序，为本数度。[①] 故识数不迷，知数不殆。数数之在，数序之列，为度之比，乃世义

① 此处论及世界的本质为“数”，所谓“数数之奥”，即数与数的变化的奥秘。“世本为数”，即世界的本质是“数”；“物本数序”，即物质的本质是“数的序列”（结构）；“为本数度”，即行为的本质是“数的量度”。

至本。[1]

士每日耕作，常携三娃同去。劳作完毕，惯以扁担挑娃而归。三娃至喜，分入前后两筐。士乐而自唱，娃喜而随和：

一根扁担两只筐，三个娃儿两边装。

挑中挑前也挑后，轻重长短自掂量。

（图 65　一根扁担两只筐）

第四节　河有两岸

园中有河，亦传开天初年，天火突降，万物皆灭，万水皆枯，惟一所留溪河。溪河不宽，然源流不断，士之祖辈赖以所饮，水中多有元鱼遗种。

① 强调一定要识数、知数，才能不迷、不殆。

先谣有传，士自幼即可唱诵，然其意似懂非懂：

河有两岸，岸间有水。
水中有鱼，鱼可欢游。
前后上下，止于岸边。
偶可飞空，复归水中。
水清无鱼，水混死鱼。

水以土界，土以火生。
火以水界，水以金生。
金以火界，火以木生。
木以金界，金以土生。
春夏秋冬，四季五行。[①]

万物有对，相辅相承。
生中有克，克中有生。
本化相转，恒异互变。
本中有化，化中有本。
恒中有异，异中有恒。

士与尔常挂口中，耕时念，织时诵。传教于三娃，三娃每日

① 论及水、土、火、金、木之间的相生相克的关系。参阅创三章二节。

唱诵，然意不尽明。

第五节　天光四起

士半百之年，一日耕于田间，暴雨突降，天光四起。士感皮肉尽裂，脑髓暴涨，天光穿身。眼前万物不见，惟见数码轮显。细观万数，盖以一、二、三、四、五、六为基，演绎变幻。

士与尔相拥，竟觉肉体相合，身心超然。士天眼开，惊见一本、二维、三生、四象、五行、六说之玄意。[①]

经此天光开眼，士似脱胎换骨，彻观尘世，超然俗间。后日夜研磨，终悟万古而来，大千世界，实乃无生有一,一分二维，二合生三,三衍万物，万物四象，根于五行，行于六说，六说合正，成七归一。[②]

---

① 此处把数字1、2、3、4、5、6作为演生万数（万物）的基数。“一本”：盖指无中生有，一为万物之本。“二维”：盖指“二为世界成式”，万物皆有二维。“三生”：盖指“三为化异”，三生万物。参阅创三章三节。“四象”：空间范畴指东、西、南、北四方（中国古代有以青龙、白虎、朱雀、玄武四种动物意象为代表）；时间范畴指春、夏、秋、冬四季气象;《易·系辞》指太阳、太阴、少阳、少阴四象:“太极生两仪，两仪生四象。”“五行”：盖指金、木、水、火、土。“六说”：此处未作深论，似为后文铺垫。

② 此处强调“行于六说”，盖指六种学说对人类行为之重要。“六说合正”，盖指六种学说将融会贯通，既成为“七说”，实为“归一”。参阅问七章十九节–二十二节。

卷十一　命数

个人难以永生，人类会否永存？人类最终会向何处去？这是人类关切的又一个终极之问，引起无数先贤圣哲的探问思考。《两界书·生死》有“天定命数”之说，讲天帝在“造人之工”中对人的命数、命格、能限、生途都作了原则性的设定。人类在漫长、具体的生命旅程中，既有克服“天定命数”的追求，也有基于阴阳两界、时空两维、过去与未来的意识穿越和感悟认知，并从各种感悟认知中来反思人的现世行为。

第一章　仙龟灵山

第一节　人心不甘

创世以降，雅、函、希、布、耶、微、撒七族合分分合，生息流变。芸芸众生，代有更迭，如草似木，枯而再生。

惟天定命数，多以百岁为限，人心实有不甘。人生悲喜无常，吉凶苦乐难解，然牵罣多多，心念不放。或耽功名利禄，或溺儿女情长，或迷色受识想，皆以长生延寿为求。求之不得，愈所欲求。[①]

第二节　巨龟出海

东海以西三千里，有仙龟灵山横卧。山高万丈，高耸入云，绵延五百里，尽处为大海。

传万年之前，有巨龟出海，伏卧此地。一日日出之际，高天有彩翅翔龟飞来，口发妙音，眉目传情。巨龟在下心有所动，目不转睛，立首凝望。

---

① 延寿是人类的共同追求，永生是人类的永恒命题。色（所见）、受（感受）、识（意识）、想（欲想）为佛教所称“五蕴”中的内容，另一蕴为“行”（追求）。“五蕴”之中的“色蕴”属物质范畴，余“四蕴”属精神范畴，佛教认为人（人体）和世间万物皆由五蕴和合而成，《般若波罗蜜多心经》便讲：“照见五蕴皆空。”

（图 66　心有灵约，风雨无阻）

翔龟日出而来，日落而去，一日三番，风雨无阻。两龟心有灵约，百日不爽。

一日翔龟再来，发呜呜嘶呜，其声悲戚，其容哀愁。巨龟心有灵应，预觉不祥。

天空闪电，忽一青龙遮天飞来。青龙硕大，身有千爪，五颜六色，伸缩不停。

青龙俯冲，爪抓翔龟，如拈细草。翔龟惧缩一团，不停呼告：等我归返。其音山海回荡，其影逝于云霄。

巨龟终日企盼，不回大海。每至夜晚，思念心切，泪落不停。日积月累，龟泪磐石滴穿，竟成暗溪入海。巨龟心志不移，躯身不动，千年终化仙龟灵山。

第三节　灵物万千

山以龟躯为体，龟情为气，龟精为灵。其树参天茂盛，林中灵气萦绕，灵物万千。山中道人千岁不老，百岁樵夫年轻如少。

尤传龟首当顶有灵草生出，为巨龟、翔龟信约之物，四季花开，长生不凋。人若食之，可增岁延年，与仙龟比寿。[①]

开天以降，天下各族历代帝王，无不遍寻仙龟灵草。上至皇亲国戚，下至庶民百姓，为求灵草历尽艰险，舍身亡命者不计其数。

第二章　两界之越

第一节　雅尤入山

天历六百六十六年夏，族王雅柬遣雅尤入山，探寻灵草。雅尤聪慧灵敏，武艺高强，为雅王至信之臣，要务相交，从未令王失望。

雅尤率队百人，备足粮草，入山探险。山内灵雾回绕，清凉透骨，恍如仙界。

雅尤一行披荆斩棘，经三月搜寻，终抵山峰龟顶所在。但见

---

① 长生不老仙草（灵药）的传说，在古代多有流传。

龟首昂立，仰对西空，陡峭高耸。

临顶之前，有悬空峭壁横立，称曰龟嘴岩。岩下洞深万丈，上有藤蔓遮掩。有传洞为万年仙龟之腹隙，亦传实为通仙之道，由此可脱俗入仙。有攀援者俯身静听，内有奇音传出，然未见有去而返者，故无确证。

雅尤遣人攀岩，众人心有恐惧，或畏缩不前，或去而不返。雅尤决意亲往探险。

几经周折，几多试探，雅尤终近龟首高顶，可见灵草摇弋，周边泛有奇光。

雅尤不禁心悦，奋力一跃，几登岩顶。只听一声巨响，岩石坍塌，连人带石坠入深渊。余者见状，无不心惊胆战，纷纷逃之夭夭。

族内雅王左等右盼，始终不见雅尤归返。

天历六百九十九年秋日，雅束王日益老迈，然不老之心日盛，故欲再遣使者远赴东海。

第二节　壮士归返

恍惚之间，一威武壮士来到雅王面前。定睛细看，壮士眼熟，疑似早年信臣雅尤。开口询问，应者果为雅尤，昔时音容未曾有变。

众人皆惑。

第三节　脱凡入仙

原雅尤坠崖，恰为洞内灵龟所托。龟托雅尤穿越凡仙界门，竟得脱凡入仙。仙界别有洞天，至深至广无有边际。周连东南西北海，上下无穷无尽处。灵龟翔于其中，随意泛游。[①] 仙界清莹通透，物如浮游，飘忽不定。人事活物不以言语相传，尽以意会神交。雅尤伏于龟背四处巡游，惊见族皇先人，亦见灵禽神兽。先人以智师道人居多，盘身静坐，闭目默修。

雅尤茫茫然居其中，俗尘皆断，惟老母之念魂牵心弦。雅尤

（图 67　仙界图）

① 远古神话多有“仙界”之说。“仙界”与“俗界”（凡界）相对，为神仙所居之地，或在天上，或在海中，或在幽远之深处。《淮南子·地形训》：“昆仑之地，极寒之地，上高倍之，是谓凉风之山，登之而不老也。再上高倍之，是谓悬圃，登之乃神灵，能使风雨。再上倍之，乃维上天，登之乃仙人。”

受命为王寻草，倾力舍命无所不往。母忧雅尤凶多吉少，行前以发为结，藏尤之怀，冀保平安。

自雅尤外出，老母每日企立高坡盼儿归返，风雨无阻。星转斗移，春去冬来，老母盼瞎双眼。

泛游仙界，雅尤突有心觉，心脉刺痛，眼见老母为狂风掀卷。雅尤不禁惊呼，只觉周身颤抖，仙龟驮负雅尤冲返凡间。

第四节　仙界一瞬

仙界一瞬，凡界十年。雅尤遍寻家址，不见老母身影。昔时屋舍无有踪影，昔时木苗已成大树参天。惟坡边高石耸立如旧，风雨不蚀。

雅王见雅尤叩拜，急询不老仙草。雅尤禀告身经心历，恍如经梦一般。雅王耸耳细听，入神至呆。

第五节　现命为砖

雅尤曰：

世有两界，仙凡有别。仙界一日，凡界十年。仙界时物难存凡界，凡人凡物难入仙界。

仙凡之间，万里之遥，天壤之隔。欲敲仙界之门，须以现命为砖。非有舍命之志，非经灵修之熬，实难成道入仙。

然仙界之乐为灵道之乐，不见凡间烟火，难寻佳肴美色。[①]

雅柬听闻，追问何以既得仙界之寿，亦得凡间食色。

雅尤答曰，两者兼得，人之共求。然两界之间天涯一线，有进道而无返途。

第六节　仙道非远

雅尤言此，突感颤栗眩晕。原为脚下仙龟久留凡界，行将枯息。西风渐起，转瞬之间雅尤鬓发生白，脸颊生皱，周身衰朽。

雅尤断续曰：

臣得仙龟托佑，由凡入仙，由仙还凡，旨愿寻母拜王。母未见王已拜，俗愿了半。王不可坐等长生仙药，惟以心寻道，以身融道，方可得道入仙。仙药非药实为道，仙道非远在心间。[②]

雅尤言毕，止留衣冠，肉躯随仙龟而逝。

---

① 不同教义均以不同方式塑造出与现界（凡界）相对应的彼岸世界，如佛教讲涅槃，基督教讲天国，道教讲仙境（仙界）。道教并不认为人死后才可入仙境，活人通过修炼、悟道，也可“成仙”，成为活神仙，从而得以长生，但这是很难的事情。此处尤言人要兼得仙、凡两界之乐，更是难上加难。

② 此处从长生角度论及“仙药”不是药，而是“道”，“道”之不远，即在人心。

族王似悟尤惑。余下有生之年，踟蹰灵修之道，徜徉凡仙两门，年百岁而终寝。

第三章　雅尤仙洞

第一节　天光空降

雅尤离凡，天降骤雨，七天七夜未停。及至八日晨，突有天雷轰响，天光空降，直击灵山近顶。

雨过天晴，天光击处，生坐北朝南巨洞一座。洞为雅尤仙居之所，后人称雅尤仙洞。洞深无垠，通连四海，可接仙界。仙洞悬立峭壁，平日凡人难至，心诚悟道者偶有至达。

第二节　祈问密钥

雅里果继族王之位，理政修身，德彪绩显。一日雅里果抛却俗务，离绝美色佳肴，入洞诚拜雅尤。

雅里果入洞三日，四壁漆黑，不见纹丝光亮。黑暗之中，似有冥线牵连，雅里果持恒以待，不曾放弃。

及至第十日，雅里果躯肢瘫软如泥卧地，渐与山石融结一体。恍惚之中，似有天音回旋，可闻而不可细辨。

洞中渐有光亮生出，忽隐忽显。雅里果举目望去，似见雅尤立于当前。雅里果叩拜，禀报治国理邦福民之业，祈问长生不老密钥。

第三节　命如悬灯

光影应声渐亮，原为悬灯显现。其光赤红阳绿金黄相混，雅里果见所未见。

听有雅尤回音，声出仙洞四壁。雅尤曰：

万物有始，必定有终。终即始，始即终，始终本一。然凡界为俗尘所障，眼之所见，止为象观，心之所往，止为相端。[①]

亘古以降，人之熙熙，劳碌奔忙，无不渴求富贵长生，无不惧畏贫贱终死。万般心机，千般索寻，实皆枉然。

雅里果举头前视，所见何物？

雅里果答曰，俗目短视，惟见悬灯之光。

雅尤曰：

命如悬灯，亦息亦亮。有油则亮，油竭则息。灯油有度，

---

① “象”、“相”有所不同。“象”：现象，物现之象；象观：物存在的现象、形貌，属客观性范畴。“相”：人所看见的物象的样子；相端：人所看见、审视到的物象、印象，属主观性范畴。相：甲骨文作，一边为“木”，一边为“目”，即指人所看到的东西。同样的东西不同的人看，结论并不完全一样。参阅问五章三节：“心正则目清，目清则视洁，视洁则生善。心邪则目污，目污则视秽，视秽则生恶。”

（图 68　命如悬灯）

亮息有时，费心耗神，岂不枉费命灯之油？

灯亮不在大，温固而弥久。既防燥亮之虚旺，亦防骤风而摧灭。

第四节　灯油何来

雅里果问曰，命灯之油何来？何以为命灯添油？

雅尤曰：

渴慕肉躯不腐，命性使然，世人皆同，尤以权贵为甚。

权贵冀以灵草为命油，然遍寻山海，无处可寻。冀以金银易命油，然命油非物，故无物可易，反因心机耗费，恶损命油。

命油之源首在父母，故人须孝敬父母。

命油之源次在灵修，盖因命之所损，无外修身不善，邪毒入身。

邪毒入身有四径，或从口入，或从肤浸，或从心进，或由心自生。[①]

至烈者当为心毒，心毒无形而有迹，有迹而不视，不视故难御。心毒所至变乱理脉，阻滞气络，命油不畅而自枯竭。

心毒既可外侵，亦可自生，故须御外固内。固内者亦为御外，御外者亦助固内，两相辅成。

第五节　心通灯明

故欲长生延年，务须保全己身。保全己身，首以保全己心为要。己心保全，心路畅通。心路畅通，心灯明亮。心灯明亮，命灯长久。

脱俗入仙者，盖因了却俗尘缠牵，身心净洁，心灯清明。然芸芸众生，多无从脱俗，实难实不难矣。

---

① 此处言及邪毒入身的四个路径：口入、肤浸、心进、心生，关联物质、环境、心理、变异几方面。

人多生自凡胎，足立俗地，故欲脱凡胎离俗地实为不易。然身出凡胎，心可通灵。心诚以致，可通灵道。灵道行，心路通。心路通，心灯明，命灯长久。此谓立俗而不俗，肉身俗而心不俗。

第六节　三灯齐映

天帝创世，昼有日灯，高天生辉，世界光亮，万物有生机。夜有月灯，大地安详，黑暗不迷，众生得生息。人有心灯，灵肉相适，阴阳相宜，天地人相合。心灯点亮，三灯齐映，与日月同光。人心有天光，肉身长久，灵魂不朽。[①]

雅尤言毕，仙灯渐隐，回复如常。雅里果续留仙洞百日，得雅尤真传，始悟命数命理之谛。

第七节　命理秘笈

后辑录《命理秘笈》十二卷，藏于士山尔水。《命理秘笈》亦称《俗仙经》，合俗仙阴阳两界，越昼夜时空两维，基天地

① 此处提出“日灯”（太阳）、“月灯”（月亮）、“心灯”（人心）的概念。三灯齐映，天、地、人相合，可“肉身长久，灵魂不朽”。这里呈显了阴阳相宜、天人合一的思想。

灵身两极，察心经表纹两端，昭命数命理脉势，不易显现于世人。[①]

第四章　义犬救主

第一节　各有修行

雅里果将国事俗务悉交族臣，隐于灵山圭岭，专心修灵悟道。后成仙道之人，圭岭亦称里果岭。

岭下有雅翰、雅贤两兄弟，相邻而居，各有修行。

雅翰每日早起，研颂《俗仙经》，废寝忘食。日积月累修有所成，远近闻名。然家中耕务劳作久有荒废，妻室家小多有报怨。三年不出，家妻抱病而终，两小羸弱多病。

雅翰忖思，家有多灾，命多不顺，或因修之不诚？或因道之未致？雅翰百思不得其解。

雅贤怜雅翰之衰，多有接济。

雅贤每日闻鸡而起，日出而作，家兴业旺。每至午时，即停歇劳作，研摩静修。每至晚夜，惯依坡而拜，伴清夜细风，敬谢天地，感恩赐福。

---

① 此处讲《命理秘笈》的内容：整合俗与仙、阴与阳之两界，跨越昼与夜、时与空之两维，基于天与地、灵与身之两极，考察心经与表纹之两端，揭示命数、命理的脉络走势。

第二节　星象变乱

一晚星象变乱，似有不祥发生。转瞬之间电闪雷鸣，暴雨如注。雅贤急返屋舍，心有所挂，难以入眠。

闪电之下见黑白两犬立于门前，呜呜作声，似哭如诉。雅贤不解，黑犬为自家，白犬属雅翰，两犬何以结伴立前？莫非雅翰有异？

雅贤起身，两犬前引，奔往雅翰之地。只见雅翰居舍倒塌，成烂泥一片。雅贤千呼万唤，不见雅翰人影。

第三节　雅翰回生

雅贤心急，见白犬在先似泥鳅入水，黑犬随后双双钻入泥潭。双犬泥下拱刨，雅贤顺势掘挖，三尺深处终见雅翰躺卧。

雅翰昏死不醒，雅贤悲戚哀伤。两犬舔舐，发出嗷嗷哭泣。两犬伴雅贤，昼夜护守，十日不离。及至十一日，黑白两犬相继气绝，倒卧雅翰两侧。一阵东风袭来，竟见雅翰呼气张目，起死回生。

雅翰经十日阴界之历，阳气未绝，得义犬之气由阴归阳。雅贤喜出望外，惊异万分。雅翰面容未改，只因阴耗所致，体状缩减一半。[①]

---

① 阳气为生命根本，此处讲因得义犬阳气的补充，雅翰“由阴归阳”。参阅工二章七节：木鹤得人气之精而获生机，可飞翔。另，阴阳观念的精髓在于辨证，其要旨不仅包括阴阳对立、阴阳消长，也包括阴阳转化、阴阳互根。

第四节　超凡之能

雅翰身经阴阳两界，目力竟获超凡之能。双目一阴一阳，阴阳叠合，可有越墙穿壁之功。尤奇者双目既可溯观已逝之景，亦可眺望将临之事。①

雅翰目穿泥浆，见两童埋于其中，赶紧挖掘。两童出泥，一童无息，一童还生，孪生兄弟，分处阴阳两界。

雅翰后视，眼现雷暴突降树倒屋塌惨状。雅翰前视，可见风和日丽，复有狂风暴雨之灾。又见昼夜有更替，吉凶复交合。雅翰极目远视，阴晴循环，吉凶往复，难以穷尽。

第五节　阴阳界悟

雅翰心力不支倒卧瘫息，数日之后方得甦醒。后闭门一月不出，记留《阴阳界悟》，气绝归阴。《阴阳界悟》亦称《道行经》，凡四卷万言，旨意盖为：

阴阳有界，天地有道。
天人合道，道远无疆。
天人悖道，天存人亡。
天道在心，化外在身。

---

①《两界书》工五章二节有“时镜”之述，可穿越时间。可参阅《两界书》问六章二节–三节。

修身成道，行以载道。

道行相辅，可添命符。

道行相悖，肉身立腐。[①]

《道行经》传于后人，倡立道重行之风，得阳命绵延之功。

第五章　种豆得豆

第一节　雅全种豆

雅翰后人承先人遗训，力践道行之说。凡虔心修道、勤勉劳作者，多收善果。

雅全善种豆，红白黑绿黄豆无所不有。豆树高逾丈，豆大如鸡卵，相邻百里无人能比。所收之豆首祭天神，再馈乡邻，尤馈残弱之人，余者留为己用。邻人欲以其豆为种而植者，无人如愿。

第二节　雅曲种瓜

雅曲善种瓜，瓜大如瓢，甘甜如蜜。所采之瓜，藏贮洞穴，

① 此处宣喻两个思想：天人合道，行以载道。揭示“天”、“人”、“道”、“行”四者的关系，特别强调了“道”、“行”相合的重要。

不为人知。雅曲常得雅全之豆，雅全未食雅曲之瓜。

是年天大异，南风不见，北风尽吹。东风不起，西风呼烈。时值春夏交际，山洪频发，泥石俱下。及至夏秋交际，雅全之豆果实饱满，五彩尽有。雅曲之瓜有花无果，一瓜不收。

次年雅曲瓜田种豆，欲仿雅全之效，得获秋实之收。然秋至时节，雅曲之豆竟有花无果，颗粒不获。后雅曲地多有试种，所种之物皆有花无果，人称无果花。有传后世有花无果之物，皆源雅曲之地。

第三节　善种在心

雅曲不解，何以种瓜不得瓜，种豆不得豆。复试三番，依旧只花不果。

雅曲请教族内老者，老者曰：

> 所种之瓜，既未敬天，亦未馈人，一人独享，遮掩躲藏。瓜肉既腐烂，瓜种何繁秧。心私至重则恶，心恶自结恶果。
>
> 至于雅曲欲种雅全之豆，冀以恶心藉善种，恶田得善果，岂非痴妄？正可谓种瓜得瓜，种豆得豆。[①]
>
> 事有前因，必有后果。虽力争而欲变，然因果天定，实难变违！

① 讲“恶心”难播“善种”，“恶田”难得“善果”。

雅曲须谨记，善种在心，不在外物。善心之种乃为真种，真种方结真果。

雅曲始未信，然老者言状年甚一年。雅曲地终成荒芜，雅曲抱疾而终。

第六章　否泰之转

第一节　得享遗福

雅全有子，名雅槐，得享雅全遗福遗产，藉风水宝地，连年丰裕，羡煞周邻。

第二节　承父之贫

雅曲有子，名雅霍，承父之贫，居山林一隅，餐风沐雨，勉强维生，无人往来顾及。

雅霍居山背南向北，终日阳光稀见，多迎西北冽风。终年不见来雨，风水不吉，粮果难收。

然雅霍不馁，每日耕作不辍。每至夕阳西落，有成群雁鸟来栖，习与雅霍作伴。雅霍颇识鸟性，助鸟筑巢，上遮雨淋，北挡冽风。雁鸟每日归棲，衔来粮果无数，丢于林下。雅霍从不捡拾，助其堆磊巢下，备其需时食用。

第三节 雁鸟为朋

雁鸟识霍友善，视为朋类，常将果实丢落其顶。雅霍亦助伤鸟归巢，群鸟嘻戏欢歌，甚有幼鸟停落肩上，亲昵磨蹭。

有鸟平日总发“来好”之声，故称来好鸟。来好鸟可懂人语，可与人言。每至日落之际，来好停于山坡，眼望雅霍，直发：来好，来好。

雅霍嘲曰，终日劳苦温饱难得，尔等复称来好、来好。何来之好？何时来好？来好总对曰，来日会好，来日会好。

来好边欢歌边雀跃，雅霍见之甚为开心。

日复日，年复年，雅霍安于清贫，居于宁静。终日勤以为业，与鸟为伴，不觉十年晃过，两鬓斑霜。

（图 69 来好鸟）

第四节　洪水漫天

一日烈阳当空，成群雁鸟忽返树林，发出呱呱嘶叫。来好飞落雅霍面前，双目渗出泪血。来好对雅霍曰：洪水将至，速速离开。雅霍不明事理，将信将疑。

犹豫之间，忽有轰鸣巨响传来，天昏地暗，地动山摇。雅霍惊恐，未及细想，汹汹洪水漫天袭来。大水铺天盖地，屋舍遇之即没。

有硕大木舟随水漂来，原来雅槐诸人早有预防，备制大舟。大舟长约四十丈，尽载族戚显贵。舟上备满粮谷鸡鸭，可供百人享用百日。

大舟涌来，高似山崖，无可攀爬。雅霍急声呼救，木舟顺流而下，舟上无人应答。雅霍无助，随被湍流淹没。

洪水愈发凶猛，势不可阻。大舟为水推涌，由低向高，直冲

（图 70　大舟逆势而上）

高坡。舟上众人惊骇不解，水流何以变向，大舟何以逆势而上？

众人惶恐，眼见高坡之后，即为断崖。崖深足百丈，平日人兽跌落，无可生还。有人见状急不择路，跳舟而逃，旋为洪水吞噬。余者或瘫或痪，慌乱一团。

大洪势不可挡，木舟转瞬冲落谷崖。

雅霍醒来，察觉被大树所挂，悬于半空。身下湍流奔突，周边一片汪洋。

第五节 来好相救

高处有声传来，见三只来好盘旋其上。来好俯冲试探，几次三番，终合力抓托，携雅霍飞离而去。

雅霍回望，遍地洪水无边无际，原野山林尽被淹没。来好飞奔之中，渐有多鸟加入，雏鸟绕旁欢歌。群鸟合力，雅霍似生翅

（图 71 人鸟相伴，御风飞翔）

膀，人鸟相伴，御风飞翔。片刻过后，雅霍与群鸟停落远处山顶。

洪水十天十夜方退。

雅霍随众鸟返回，故处树木可见，屋舍全无。寻至邻边雅槐之地，繁荣景象不再，活物不存，死寂一片。

第六节 雅霍不弃

雅霍不弃，次年春早，雅霍地果木繁茂，粮谷苗壮。及至夏秋，粮谷丰收，美果满仓。不出两年雅霍地名声远扬，有人由远而至，移居此地。有良家淑女嫁于雅霍，雅霍老年喜得三子三女。三子如牛犊，三女似花鹿，家兴人旺。

第七节 人无定运

雅霍恍如隔世，闲来常与来好对言。雅霍以来好为圣，敬鸟如神，每闻来好之声，无不肃然起敬。惜雅霍之后无人能通来好之语，无人能识来好之圣。

一日雅霍见来好心忧神伤，似有泪珠夺眶欲出。来好曰：

> 天有天道，人有人运。天道有恒，人无定运。命定有数，数不尽数。数度有变，运迹无痕。否及泰来，泰久否至。力合天道，大泰小否。平衡否泰，不可极尽。否至无须悲伤，多思来好之语。泰顺勿可忘形，否泰一线之间。

雅霍听罢，频频称是。

第八节　人各有命

来好续曰：

来好亦有命数，无从可改。地上之人，无论富贵贫贱，各有其命，命有其数。地上活物，无论居于何方，共有同命，命有其数。[1]

雅霍问曰，芸芸众生，散满全地，各有其命，不难其解，何以共有同命？

来好曰，同生为同命，同灭亦为同命。

雅霍仍不明，众生无数，遍布天涯，同生可喻，同灭何解？

第九节　必有其终

来好曰：

物有起始，必有其终，恰如日有东升，必有西落。然升为落之始，落为升之终。末日终将至，可期不可预。

---

① 与《两界书·创世》呼应，因世上活物一同被创造，故亦有一同消亡之同命。为“循环论”、“末世论”思想的一种体现。

雅霍问曰，同生在现世，同灭在何时？灭有何征？

来好曰：

生始有启因，灭终有其缘。其迹可寻，其征可见。异象从生，积多为征。风雨来临蚁上树，屋宇将覆鼠先逃。

来好与雅霍终日厮守，每日告谕一异象。雅霍集录为《来好天谕》，后集为《异象天谕》，凡五十卷。①

第七章 天象变乱

第一节 日头变异

末日将至，天象有征。

那日将至之时，天有铁幕敝遮，白昼不见日头，只有乌云漂浮。

蓝天变色灰天，空中弥散硝烟。怪味四处发出，地窍日夜生烟。

日头当空之时，突被天狗吞食。

① 异象：变异的、不合常规的征象，有时也指幻觉、梦境。异象一般可分为天象、地象、物象、人象四象，此处加上时象、空象而合为六象。

第二节　昼夜失序

白昼瞬变黑夜，伸手难见五指。白昼点灯，夜晚光亮，昼夜颠倒，交替失序。

日中有黑鸟，忽进忽出。黑鸟似啄食，日头出缺失。圆日不圆，豁口烂边。

白昼高悬月亮，黑夜冒出太阳。

月亮忽东忽西，太阳忽下忽上。

太阳被缚，月亮被绑。或高悬静止，或不升不落。

第三节　冬夏失衡

太阳不止一个，东西南北并出。

日头高悬之际，大雨倾盆而降。雨水鲜红似血，又似黄砂

（图 72　多日并出）

泥浆。

流火之月，有冰雹倾砸，雹大如鸡卵。

冬日不见片雪，大雪飘在春夏。

第四节　怪象迭出

有冲天水龙海底窜出，高飞万丈。

有漫天风龙平地而出，呼啸扶摇，携卷人畜，屋宇搬家。

大鸟硕大可驮人畜，立马不见踪影全无。

天空有爆响，似雷非雷。

云端有怪象，似兽非兽。

第八章　地象变易

第一节　地势变换

陨星坠落，跌入大海，海水淹没陆地。跌入陆地，击穿万丈深渊，有火岩迸出，满地黑烟。

地势变换，形貌变易。高山易为大海，大海耸成高山。

小岛不见，大岛消沉。

地表稀松，有无底大洞冒出，一个连着一个，十个连成一片。

第二节　怪虫涌出

地下有巨蟒窜出，巨蟒率子孙万千，横行乡里市井，侵占民居屋舍。

黑鳄爬出河道，毒蝎两旁侍卫，旁若无人，招摇过市。

蚯虫从地土钻出，无处不在。除灭一个，衍生千万，缠满床腿树干。始时细如鞋绳，三日之后大如牛尾，忽白忽红忽绿忽青。四处哇哇嚎叫，昼夜不见停息。

有毒蜂由地而出，从天而降，遮天蔽日，雨打不透。

大蜂壮如鸵鹰，小蜂细如蚊蝇，见人即蛰咬。男女老幼抱头逃窜，只恨上天无路入地无门。被蛰男女倒地不起，轻者三日归西，重者当场立亡。

第三节　旱涝并行

连日干旱无雨，河沟开裂。湖底长草，牧羊行马。木舟装车轮，河床建茅舍。

连日雨注不止，洪水泛滥。村落被淹没，小屋成浮舟，人畜入河泥。

第四节　果粮不常

梨树八月开花，桃树结出青枣。

李子长成角豆，味同青榄苦瓜。

夏枣长成吊瓜，石榴变成葫芦。

玉米长出红豆，绿豆开出棉花。

麦子味如淤土，稻谷味如石蜡。

一树结出八果，酸甜苦辣皆有。

树根往上，露在土外。

树梢倒长，埋入土中。

谷果变异，翻倍暴涨。

人食变异，奔向终人。

第五节　地象怪异

地火从山顶冒出，白烟从山腰下流。

发红泥浆四处奔涌，漫延之处草木立焦。硫烟弥散大地，人畜闻到不萎即腐。

海水不蓝不绿，非红即黄。

河水不清不澈，非黄即黑，酸咸腥臭，鱼虫不生。

水往倒流，百川纳海。

海虫飞到陆地，山鸟飞入深海。

陆人海底筑舍，又欲云中做家。

第九章　物象化异

第一节　怪物层出

母牛生出绵羊，绵羊生出花狗。

硕鼠大过黑猫，公鼠哺乳幼猫。

（图 73　马脸似牛，牛脸似猪）

马脸似牛，牛脸似猪。

或眼鼻朝后，或一身两头。或短缺一腿，或多长一蹄。尾巴长在腰上，断腿长在股上。

孔雀不再长羽，光身尽见皮肉。

黑猪不长鬃毛，双肋冒出羽翅。

日有怪物生出，似马如牛，似牛如猪，似猪如狗，似狗如猴。

怪物层出，数不尽数，不活三日随即消亡。

第二节　本能颠倒

公鸡生蛋，母鸡啼鸣。

鸡不分公母，鸭不会游泳。

山羊不能登山，猎犬不再奔跑。

高马跑不过母牛，公牛拉不动木车。

羊不再吃草，牛不再出奶。

奶牛挤出黄尿，母羊挤出狗血。

兔子跑不过乌龟，大象被蚂蚁吃食。

老虎不长牙齿，犬狗见猫即逃。

老鼠中意野猫，猪狗熊牛一家。

狗不识主人，向亲人狂吠，随陌人回家。

斑马变成河马，河马变成象牛。

河马出没沙漠，骆驼下海泛游。

第十章　人象迷乱

第一节　男女性变

那日将来之际，女人多生怪胎。

有三头六臂，有缺头少臂。

有男婴貌似牛娃，有女婴身如鲵鳗。

有眼睛长在头后，有嘴巴竖在额前。

男人不喜女人，多喜男人。

女人不喜男人，多喜女人。

男人与男人一起，如同男人与女人一起。

女人与女人一起，如同女人与男人一起。

女人生子不用男人，男人生子不用女人。

生出幼子身如蛆虫，生出幼女貌似果蝇。

人与牲畜家禽媾合，生出非人非畜之物。

人与自己婚配，自己作夫作妻。

男婴女婴不生，以此为好。

有人宁与尸骨交欢，不与活人交合。

有人宁与死皮交欢，不与活人交合。

女人长胡须，男人大乳房。

女人声如洪钟音如闷雷，男人声如黄莺细如雏鸟。

第二节　人自生变

长人极长，短人极短。

胖人极胖，瘦人极瘦。

瘦者长大头，大如木鼓泥缸。

胖者长细腿，细如蜘虫鸵鸟。

满街之人，肚大似盘轮，绵软如蛆虫。

手臂不能挥斧，腿脚不能登坡。

满街之人，上牙脱落，愈来愈少；下牙多长，愈来愈大。

满街之人，大头似悬瓜，颈项如游丝，风吹即断落。

满街之人，要么粪门不开，尿门不合，要么尿门不开，粪门不合。

（图 74　瘦者长大头，胖者长细腿）

满街之人，木讷似呆瓜，迟钝如泥牛，皮厚赛黑猪，骨软似蛆虫。

至微小虫肉眼不见，钻进男人女人体内。

滋生冷热怪病，致人冷如冰冻，热如火烤，反复两次，即丧性命。

小虫说来就来，说去就去，隔三差五，人心惶惶。

两岁女婴体如生母，三岁男童性胜生父。

生母变女婴，生父似男童。

男婴生下直立行走，女婴生下开口说话。

婴儿啼鸣似唱歌，成人吟歌如哭嚎。

第三节　食无原食

众人不食粮谷，专食古怪罕物。

甚以人肉为佳肴，更以粪便为大补。

毒液变为调汁，砒霜变为拌料。

食无原食，居无静所。

七十岁男人吮二十岁女人奶汁，二十岁女人争做七十岁男人后妈。

第四节　生息悖序

多人终日嗜睡，从天亮到日落，从日落到日出。

多人终日无眠，从日落到日出，从日出到日落。

生息悖序，昼夜颠倒。

日出歇息，缩卷不出。

日落劳作，黑夜不眠。

白昼遮阳蔽日，夜晚点灯造光。

第五节　人为器奴

聪智乖巧至极，人无片刻宁静。

下可入地万丈，上可登天造屋。

众人无力固广厦，一人弹指毁万屋。

人造万能工器，工器造出活人。

男女不随天定，工器随意造人。

人为工器造主，又为工器之奴。

死物摆布活人，活人无觉无策。

第六节　人无定性

男人不再知耻，女人不再识羞，满街男女赤裸奔跑。

男人似牲畜，随地高举阳器。

女人妖作祟，羞处张开示人。

兄弟不亲，父母不认。

爷孙辈分不分，血缘伦常乱淆。

夫妻同枕异梦，邻里掘井设坑。

众人日夜倾轧，只盼他人死光。

人无定性，心无坦诚。

一忽变人，一忽变鬼。

口出甜言，胜似鲜蜜。

心藏诡计，险毒似蝎。

无话不假，流言盛行。

真人说假话，假人说真话。

真假不辨，善恶不分。

习非成是，谬以为常。

谎言可赚千金，诚仁不值一文。

窃贼满地，男女不分。

贼人足不出屋，行窃千里之外。

第七节　心无神明

心无神明，止有霉菌。

以金为拜，胜过爹娘。

利己之欲，毫发可察，鼠洞可进。

利人之事，遮目不见，举手不劳。

公义失踪，黑白颠倒。

尊黑为白，尊白为黑。

口是心非，表里不一。

崇邪尚黑，结党营私。

心饥无食粮，魂游无居所。

邪说叠起，恶魔主心。

拜死石朽木为神，崇歪腔邪调痴迷。

心慌慌空身似皮囊，乱寻主自欺欺世人。

失心失灵不止，失气失血不停。

如犬狂噪失言语，如猫叫春失节制。

第八节　基化因变

男女合性，阴阳不辨。

基化因变，心塞意乱。

烈光穿地，地脉断裂。

地气紊乱，地心流血。

大地暴散，浮尘漫天。

第十一章　时空不维

第一节　时灯急燃

四季颠倒，春后为冬，冬后即夏。

春日万物凋零，冬日老树发芽。

腊月不穿衣，酷暑披大袄。
三更出日头，日升匆急落。
日子短暂，忽如落石。
一年短似一日，百年逝如一月。
时灯急燃，光油急耗。
时光将耗尽，万物即静止。
不见时序延展，归于死寂默息。

第二节　远空急聚

远空急聚，间离混乱。
咫尺远过千里，天涯近在眼前。
时序不维，空序不再。
高山不高，深渊不深。
万有归无，无蕴万有。
有无无间，复归一元。

第十二章　灭而再生

第一节　六象俱乱

天地异象，时空失序。

物人迷乱，世界失律。

东南西北上下，天地时空物人。

六象俱乱，时能殆尽，空能殆废。①

流光飞逝，一日胜于百年。

朝出不识归途，梦醒不识家人，镜像不识自己。

远空暴膨，万里近在咫尺。

举步无落足之处，起居无躺卧之席。

第二节　复始循环

是日到，万时万空万物忽凝滞无息，忽膨爆不止，忽飘如浮云，忽归于混沌。

旧世灭，新纪启。

中人止，终人至。

多维新构，意界主纲。②

人朋远来，新灵弥漫。③

旧生新，新生旧。

绵延不息，复始循环。

---

① 此处讲“时”、“空”也是一种“能”，认为“时”、“空”如人，皆有其能，亦有其限，天帝创造之时，皆设“能限”，故时、空“两能”也都终有耗尽的一天。

② 昭示“新纪”的情状。意不甚明，或指“新纪”由不同于现世之时维、空维的“新维”构成，“意”或成为“新纪”的基本纲领。参阅创四章二节。

③ 类人的智物从远方而来，会有新的“灵”充盈世界。此处的预言有神秘主义色彩，参阅造六章二节：“各有朋人演化治理。”

第十三章　裘德之问

第一节　羊无灵道

来好所告天谕，尽为悲苦结局。雅霍历经人世沧桑，虽坦然听闻，却不免忧惶。

对谈之间恰有羊群经过，大小不一，或欢蹦跳跃，或随前而从。

来好问曰，羊群欲去何处？

雅霍答曰，羊群为贵家所买，留待年节宰杀。

来好曰：

羊不识羊命而霍知，故羊欢蹦跳跃随前而从。君对羊语，前路悲绝，羊岂可领悟而逃？羊无灵道，不识人语。人无灵道，不识天谕。

（图 75　羊无灵道，不识人语）

人不识己命而来好知，故有天谕相传。来好告天谕，亦非尽人皆悟，惟通灵悟道者可得其奥。

来好、雅霍对谈，雅霍之孙裘德侍立于旁，尽听于耳。裘德十岁未满，聪慧好学，尚德寻道，甚得人爱。听罢来好、雅霍对言，虽不尽懂，然可了悟大概。

第二节　裘德之问

裘德凄凄然，泪湿衣襟，心中甚怕，颤栗不已。半晌过后，以怯怯之语问曰：

若如来好所言，世将惨绝而灭，众人孜孜所求，何意之有？先辈仁德之诲，何意所在？

来好既知所然，何为所以然？世人若循顺天道，躬行仁德，仍不得喜乐安康？

来好务解裘德之问。

第三节　来好之答

来好曰：

裘德莫怕。道统天下，天地二分。天水同源，多有流变。

大河分流去，路途有南北，怎可一路道尽？

裘德莫弃。道化所成，人以载道。修德树仁，苦亦为乐。

天帝播灵道，万众有承接，不枉喜乐来好！

裘德听罢，尚不尽解。来好详谕未来可来喜乐世界。

第十四章　喜乐世界

第一节　良善布满人间

来好曰：

至那日，天下邪恶尽除，良善布满人间。

蓝天白云，小鸟欢歌，大雁飞翔。

白鸽成群结队，鹊雀雌雄成双。

青山绿水，牛羊吃草，骏马喜奔。

鸭鹅水中嬉戏，猫狗岸边追跑。

雄狮结伴羔羊，躺卧一堆。

猛兽携牵雏羚，亲同家人。

羔羊以母狮为奶，哺乳长大。

猛兽以雏羚为子，舔舐抚爱。

刀枪熔炼，铸造犁锄，干戈尽化玉帛。

第二节　篱笆拆除

篱笆拆除，无分家国，天下世人共享。
哑巴可说话，聋子会唱歌。
瘸子擅跳舞，瞎子能赏花。
人皆有美食，众皆有安榻。
世人不分你我，亲如姐妹兄弟。
天下来好，终归一家。
仁爱无垠，天道无疆。[1]

第十五章　七首合欢

第一节　七鱼出海

裘德听罢，欣而不喜，悟而有迷。
来好述毕，愉而不悦，岿然迷离。
裘德心急，直欲刨根问底。
来好娓娓述说，详解来好合欢之状：

至那日，有七鱼出海，鱼化来好。

① 此节讲喜乐世界。与前述“六象变异”不同，此处展示一种正向乌托邦的理想世界。

（图 76　七首合欢）

七方来好合聚，分从东南西北上下汇中，合成来好大鸟，名曰七首合欢。[1] 合欢大鸟上下翱翔，所经之处，风生水起，霞光普照。天上升彩虹，地下有灵塔。虹塔相联，天地无间。

第二节　天光现，帝坛出

天光现，帝坛出。

四海之中大地之央，天帝大坛巍然耸立，辐辏外延，周至满地。

① 鱼化来好鸟，分别从东、西、南、北、上、下而汇中，成为七头合欢大鸟。

（图 77　天帝大坛）

万族交合，复归一族。你中有我，我中有他。天南地北，实为一家。

万语交合，复归一语。语简如符，言简似乐。异人同语，无师共通。

万众共聚，以帝坛为央，行合欢族会。一人独乐，二人从乐，三人众乐，万众共舞共乐。[①]

有闻行将就木，有闻不久于世，众人无悲皆喜，齐向死亡狂欢。[②]

① 此节言万众合欢之状。再宣乐生思想，万众共乐。回应《两界书·生死》中乐生、淡死的思想。参阅《两界书》生三章四节。

② 参阅《两界书》生三章四节："向死而舞，三天三夜未有停息"，实现对生命的彻悟。

第三节　天人共为

来好续曰：

要纪到临，似临分水大岭。众生似流水，必经悲喜岭。

悲喜两向，或悲或喜，天自有取。天之所取，赖人所为，天人共为。[①]

裘德似懂非懂，似信还疑。

雅霍心有悟得，犹有所失。

来好飞旋一周，逝于云霄。

① 言众生的结局是悲是喜，“天自有取”。而“天之所取”依赖“人之所为”、“天人共为”。

卷十二　问道

大千世界，万物众生，“天帝”以人为选，赋其使命，将世界交人治理。然人类自身善恶消长，灵道不畅，前路多有迷惘。亘古以降，先哲圣贤殚精竭虑，以不同的认知方式和思想界面，上下求索，探路问道。对人生意义、生命本质、人类前途的考问，不仅是人类文明的终极之问，也是一个永恒而又极具现代性的现实之问。《两界书·问道》自“创世”、“造人”、“生死”、“分族”、“立教”、“争战”、“承续”、“盟约”、“工事”、“教化”、“命数”之后，综观史上各家之说，贯通各派之言，融汇升华，企解恒惑之问。

第一章　天道山

第一节　山高入云

群地之中，地池之央，有山耸立，山高入云。山上有道，可至上天，称曰天道山。山高处乃超凡之境，为悟道先师所在。

第二节　四面环水

天道山四面环水，水阔万顷，浩瀚无际，人称地池。地池环山而抱，由外及内水色渐深，由清而蓝而墨。近山处水深万丈不可探底，传言远达千里，通连四海。

水中有堤桥，没于水下两尺，连接围陆与道山之间。堤桥九曲十八弯，阔处十数丈，窄处仅尺余，为进山惟一行道。

堤桥肉眼不见，心诚者心目开，可透视堤桥涉水入山。心妄者堤桥不见，必坠深渊。渊处有食人娃鱼，口大如井，齿利似刀，坠水者为其吞噬，无人可以生还。

第三节　山高路险

山上古树参天，临崖而立，止一山道可通山顶。道口两旁雕有山石纹图，其意难辨，日月同辉之际，可显文传道统，津济众生之意。[①]

环山而上，有曰九环，有曰十八环，因无人至顶，未可尽知。及至八环，有坪台临崖，下可俯视地池，上可仰观天象，人称承天台。

台上筑大舍，亦方亦圆，通灵得道诸先在此辩经论道。天下

（图 78　天道山高路险）

① 津：渡口，桥梁。以文化传承道统，以渡桥接济众生。

寻道之士，涉千山万水来此问道，故亦称问道台。然因山道陡峭峻险，有心无力者难以攀行，有力无心者难得途径，故非有心有力者不可至达。

第二章　六先论道

第一节　六先居台

有道先、约先、仁先、法先、空先、异先，六先居台论道。①

六先上承雅、函、希、布、耶、微、撒诸族本元灵道，幽通族神族帝，可悟神谕天道。下载诸族千年文明化变，近察世事，远瞻前路。故为世人尊奉为先。

六先论道千年，道统有别，异中有同，并不致合。

---

① 先：甲骨文作，一脚置于一人之上，意为先行。《说文》："先，前进也。"先：先生，先进，先知（prophet, seer），先觉（如希腊神话中普罗米修斯 prometheus 为先知先觉者，有先见之明）。《孟子·万章上》："天之生此民也，使先知觉后知，使先觉觉后觉也。"此处提出的"六先"、"六说"，指六位先知及其学说。此处把对人生和世界的认知归为"六说"。一"道"：天道、大道、logos，等等，多种学说均把至高规则视为"道"；二"约"：以"契约"思想为核心，犹太–基督教文化为代表；三"仁"：以"仁爱"为核心，东方儒家思想为代表；四"法"：以"法制"思想为核心，为人类文明重要成果和精神理念；五"空"：以"空无"思想为核心，佛学禅宗为代表；六"异"：甲骨文作，戴着面具的人，变异之人，"异"与以往常见各说颇为不同，通"易"（《周易》）而不同于"易"，"异"说强调"化"、"变"，与其他诸说相互参照，可避摸象之虞，得综观辨证之效。此处"六先论道"，实为各说交融，互补求是。

（图 79　六先论道）

第二节　问者熙攘

四海之内生途之上，多有凡间寻道之士来此问道。虽山高路险，九曲十弯，然求问者不绝，熙熙攘攘，蜿蜒于半山道途。

第三章　生而为何

第一节　元德本惑

元德年逾半百，跋涉千里，候等百日，险过堤桥，终登问道台。元德问曰：

吾自娘胎出生，不觉生逾半百。自打知事起，少时随父母，朝起晚息，伴爹娘劳作。中年养子女，料侍老人，亦耕亦织。

眼见前人如冬草枯干，逝而不返。眼见自己似秋木落叶，一天衰过一天。往事恍如昨日，来事匆如闪电。一生劳碌，苦乐作伴。曾经力大无比，磐石可搬。曾经不知乏累，昼夜不眠。一切彷如浮云，终将烟消云散。

元德思而不解，身如过虫，为何而生，生而为何？元德求问诸先，祈解心中本惑。[①]

第二节 依约而生

约先曰：

天帝造万物，人为其一。芸芸众生，各为其一。天帝所造，皆有天约。依约而生，各得其所，适所而在，即为天帝本约，亦为人之本义。[②]

第三节 仁为人所在

仁先曰：

蛛有织网，人皆不孤。上有父母，下有子女，上须尽孝

① 人为什么生？人生的目的是什么？元德年过半百，不明这一“心中本惑”。“本惑”：自生而然的困惑，对生本身的终极性困惑。

② 此处提出“天约”的思想，指天帝所造万事万物皆有“约定”，人也不例其外，人按与天帝的约定而生，这就是人生的本义了。

道，下须嗣后人，春去秋来，亘古未变。

人之所生，当别于畜牲。畜牲独觅食，人当共享之。众为人所依，群为人所托，仁为人所在。己悦者及人之悦，己恶者及人之恶。临崖者警之扶之，临火者惕之护之。此即生之本义。[1]

第四节　生而依理

法先曰：

（图 80　解廌图）

① 从仁先的角度看，人都不是孤立的人，也不是兽畜，故须以“仁”为重，有“仁爱”之心，这才是人生的本义。

昔有解廌，可明是非，可辨曲直，故生而依理，行而依据。人有灵道，尤须明是非，辨曲直，依理据。如是方可众而有序，群而有伦，不致利欲所驱，不行禽兽之为。[①]

第五节　无即本生

空先曰：

世上本无元德，亦无元德父，无元德父父与上父。元德临世，实为偶之又偶，如雨点落地，不由自主，如枯叶飘海，不主沉浮。

人生在世，匆如来风，死如枯芥。本从黑暗来，复归黑暗去。生程乃死途，死途通再生。生为死之始，死为生之启。本无归于无，无即本生。[②]

第六节　异则为本

异先曰：

元德之问，本无须问。

---

① 解廌：独角兽，善辨是非，代表公平、正义、法。法先认为人有灵道，更须明辨是非，依理据行事。

② 空先认为生死循环，本来为“无”，人生终归于“无”，“无”即人生本义。

风从何处来？不得而知。雨点有几多？不得而知。山火有几重？不得而知。雷电何时起？不得而知。元德何时生？不由自己。元德何时死？不由自己。元德前生为何？不由自己。元德死后为何？亦不由自己。[①]

世上各族，道统不一，有崇黑弃白，有崇红弃绿。有朝南圣拜，有朝北祈福。有尊日为神，有拜月为圣。皆为空妄矣。[②]

人总以己心，测度天地万物。人总以己心，测度诸族异人。人总以己心，测度芸芸众生。人总以己心，测度生死本义。实乃愚妄矣。[③]

世上无物有恒，恒皆为表，异则为本。异以恒表，恒以异宗。[④]

万事不可断定，人生不得终解。以恒尺测度流水，流水有涨有落，有缓有急。以恒念测度人心，人心有善有恶，有明有暗。

元德踌躇不解之问，执迷无解之思，终不得其解，所得者烦苦。

---

① 异先此述显示对世界的不可知论思想，有神秘主义色彩。不可知论、神秘主义在特定语境下也被认为是认知世界的一种方法。

② 以异先的观点，似看穿世人所尊所崇的各种学说。

③ 此处言及“心”与“万物”的关系。一方面万物在心，心不同，所观万物皆不同；另一方面，心非万能，以己心测度万物，必有愚妄。

④ 异先的结论是：“异”为万物的根本，“恒”是万物的表象。这是异先的核心思想。

第七节　元德再问

元德曰：

诸先所言皆为有理，然元德之问不由自主。

吾尝渴慕成鸟，翔飞林间，上下雀跃。吾尝渴慕成鱼，潜游水中，无影无踪。吾尝渴慕成豸，饥时觅食，饱后昏睡。吾尝渴慕成烟，轻漫升腾，随风飘散。吾尝渴慕成云，悬空漂浮，不苦心智。然百般思盼，终皆不逞！①

第八节　依道而生

道先曰：

元德所言差矣。

人之为人，岂能成虫鸟，岂能成豸犬，岂能成烟云？人害羞知耻，可辨善恶。人以群居，亲情难舍，伦理有序。人感天知地，敬畏天神，克己自省，趋致文明。人之为人，异于草木，别于虫兽，甚不同于随风浮云。

日有升落，月有明暗，上有天穹，下有大地。人居其间，既为万物灵长，亦为时空所制，惟天地灵道，运行无间。

---

① 元德言及自己盼望成为鸟、鱼、豸、烟、云，成为不是人的东西，以避“心智之苦”，是一种“非人化”思想和厌世情绪。

人之所生，肉身似禾苗，春发夏长秋实冬亡。心魂似幽灵，以身为居舍，昼夜附体，驱之不去，游思不息。盖因道之所引，方使身心合一，灵有所依。大千世界，芸芸众生，方能沌中有清，混中有序。人依天道而生，皆为天命使然。元德之问，有解无解，自有参悟。[①]

元德细问约先、仁先、法先、空先、异先、道先所语，谨记于心，似解非解，下山归返。

第四章　何为人

第一节　行子问人

行子年逾花甲，善百工诸事，曾周游列国。尤善访古寻道，观象辨思，足迹遍及天下。六十又三之年登临问道山，问道于诸先。

行子曰：

行子年逾花甲，经万工之历，游天下列国。上至皇族显

① 道先言及：人居天地、时空之间，故受灵道运行所制；人的灵魂以身躯为居舍，故须身心合一；天人合一、身心合一，人生的本义即在于依天道而生，天命使然。

贵，下至百姓庶民，白黑黄褐各色人等，阅人无数。亲朋友人遍及天下，宿敌仇者为数不少。

人皆有鼻有眼有口有耳，然善者甚善，恶者甚恶，竟为何故？尤令行子不解者，善恶无恒，前后有变，脸面识而心相陌，翻手云而覆手雨。

子自以无事不晓，无理不通，五谷杂粮闭目可辨，豺豹虎貉闻声可识，阴晴雨雪举目可测，然却不知人为何物？

芸芸众生，何以友善慈悲者有之，豺豹凶恶者亦有之？何以灵德高尚者有之，猪犬不如者亦有之？

马驴易识，豺豹易辨，然究竟何为人？[①]

第二节　人为天帝之子

约先曰：

人为天帝所造，故为天帝之子。人可识天帝，禽畜走兽岂可识天帝？鱼虫草木岂可识天帝？

天帝与人有约，孜孜眷顾于人，循循启导于人。人得天眷天启，走正道，行善举，进天国。天帝何曾与禽畜走兽订约？何曾眷顾鱼虫草木？[②]

---

① 行子年逾花甲，经事万千、阅人无数，此处竟提出了“究竟何为人”的问题，这种怀疑主义的考问实为人类对自身本质属性的终极之问。

② 依约先的观点，天帝与之订约者为人。

（图 81　约先图）

第三节　仁者为人

仁先曰：

仁者为人。

仁者心有他人，非止己人。己爱及人之爱，己恶及人之恶。人知伦理，能辨善恶，可识美丑。故人有自省，可克己制欲。牛马猪犬随欲吞食，岂顾旁者？牛马猪犬随欲而为，岂顾羞耻？[①]

第四节　人循法知理

法先曰：

人循法知理，互有通则。

国有法，族有规，上下尊卑，左右第次，延演有序，排置有列，以致由小及大，由弱积强，由蒙至明，由蛮至文。人之异于禽兽，在于人循法遵理。[②]

第五节　行子续问

行子续问曰：

子尝所见，敬天帝者有之，孝父母善他人者有之，恪族规守法理者有之。

然子亦常见，悖天帝者有之，恶他人者有之，逆法理违族规者有之。其人五官俱全，穿衣戴冠，食人食，话人话，其非人乎？

① 依仁先的观点，仁者为人，即有仁爱之心者为人。

② 依法先的观点，循法遵理者为人。

第六节　行走雀跃，烟云一场

空先曰：

人为活物，食粮亦食肉。禽兽为活物，食肉亦食粮。食相近，性相同，生死轮转，各有所现。普罗众生，飞禽走兽，行走雀跃，烟云一场。行子所见，非他物，是为人。[①]

第七节　人之为人，在其性变

异先曰：

人之为人，在其性变。

其性不一，阴阳杂合。善恶相融，欲制相交。序而无则，定而无常。恒为世表，异为人本。[②]

第八节　人之为人，由恶化善

道先曰：

---

① 依空先的观点，人与禽兽食相近、性相通，生死轮转，虽各有不同表现，然生命的本质是一样的。

② 依异先的观点，人性多异变正是人的本质。

诸先所言，是中有非，非中有是，各有所是，皆有所偏。

人之为人，在其性本善恶而由恶化善，欲制交合而抑欲从制。[①]

人本之初，善恶固存，混而为一，如天地互应，似昼夜交替。无天则无地，无昼则无夜，无恶则无善，无欲则无制。故无恶善无欲制则无人，此为人本，或曰本人。[②]

行子不见，种子不发芽，不为种子。种子落地发芽，生长成株，及后开花结果。人初为本人，固存善恶，及后成长，似种子发芽成长开花。人幼时无智无羞，虽赤裸而不知耻。及后长成，始知理明义，以物遮羞，以纹呈美，由本而文，道引使然，教化使然。

人知羞向美，故遮丑显美。人知恶向善，故抑恶扬善。人自本人，恶善相搏，欲制两争，因天道所引，教化所驱，始由本人渐为义人。[③]本人为初阶，义人为高阶，两阶各有两界，阶界融动即为人。[④]异先尝言，异为人本，亦为世宗，言其异变不定，诚哉斯言。本先以为，异中可为，顺天行道，

---

① 依道先的观点，人之为人是一个过程：人性之中善恶并存、欲制交合，由恶化善、抑欲从制的过程就是人。

② 道先将人分为两个阶段，第一个阶段是善恶并存，无善即无恶，无恶即无善，是为“本人”的阶段。

③ 第二个阶段是知耻（羞）向美、抑恶扬善，天道所引、教化所驱，使人成为“义人”。

④ 道先认为，人有两个阶层（“本人”、“义人”），每阶各有两界（善、恶），两阶、两界的“融动”（融合变化）构成了完整的人。

要在人为。[①]

行子听罢，沉思良久，若有所悟，下山归返。

第五章　善恶何报

第一节　善人问报

倬尼年逾四十，行万千路，抵问道山，候等数月，终得上山询道，拜见六先。六先见倬尼一脸愁苦，膝下携有幼童。

倬尼曰：

倬尼自幼习书，深浸礼义。平日待人行事，无不厚人律己，行善积德，乡里乡外，远近知晓，人称倬善人。

现届不惑之年，然旧惑未解，新惑愈深。吾生数十年，终报不逾信念，善得善报，恶得恶报。然吾所经所历，何以善恶不报，甚或善得恶报？[②]

① 道先回应异先的观点：异先所言“异为人本”是有道理的，然而“异中可为”，即人性固然变异，但并非没有作为，关键在于“顺天行道”，在于人如何作为。

②“善有善报、恶有恶报”是引人向善的劝世名言，然在现实中往往并不奏效。此处提出“善恶何报”的问题，蕴涵了道德价值和世俗功利的双重判断，与人的现世生活紧密结合。

诸先示倬尼细细道来。倬尼曰：

三十而立之年，仲夏之际，突遇山洪暴发。是夜电闪雷鸣，霹雳四起，山摇地动，泥石俱下。邻里家人，无论男女老幼，皆如枯叶入水，卷没而去。寥寥生存者终日惶恐，未知上天何来报应。倬尼身强力壮，奋力自保，解救家人邻里数十。

然倬尼不解，众人亦不解：天灾降临，何以善人遭殃，恶人无恙？

有乡霸名蒙吉，平日凶煞似鬼，搜刮民财，霸占民女，携同伙无恶不作。有周岁玩童夺而摔死，有六旬老翁遭断臂削足，有盲妪问路被引断崖。恶名遍传，人见人怕，良人不知恶人几恶，恶人不知良人几良。

山洪冲来，良人无人幸免，唯蒙吉家毫发未损。泥石绕其而过，此究何故？人惧恶人，天亦惧恶人？恶人行恶未得恶报，善人行善未得善报，究为何故？

倬尼后率乡民邻里，移地而居，亦避蒙吉凶恶。经年开垦，每日早起晚息，饮风沐雨，终造良田千亩。眼见丰收在望，岂料漫天蝗虫飞来，蔽日遮天，驱之不离，愈驱愈多。三日不出，千亩良禾毁损殆尽。

乡民既悲且愤，何以种瓜不得瓜，勤耕而无收？天何其高，地何其宽，何不容一介草民活生？乡民无以聊生，仅以野草充饥，树皮枯叶亦为佳粮。

经年搏熬，艰辛终度，次年始有收成。众民慨叹皇天终不负人，善民要得善报。

然旧灾未过新灾又起，乡民生子非残即疾。或缺臂少腿，或无目多耳，或两婴相连，或猴头牛尾。怪异孩童遍及乡野，养之不成，弃之不忍。

天灾未过，人祸再起。乡民各家劳作有分，收欠不一。三年不出，兄弟反目者有之，明抢暗窃者有之，图财害命者亦有之。及至一日秋夜，有无良之徒纵火烧村，趁乱打劫，民宅变灰烬，妇孺多毙命。

倬尼奋力救邻，邻家老少得保。然返家顾视，正见家人为劫匪击杀。倬尼寡不敌众，呼邻相助，然百呼不应，个个龟缩不出。一番搏杀，妻室老少五人毙命，止剩幼童幸免，倬尼亦失一臂。

倬尼嚎问苍天：苍天闭目不视乎？天理尚存乎？天灾人祸与良善结亲乎？

倬尼曰毕，沉寂良久。有云雾缭绕，迂回漫转，时起时伏。

第二节　君子行道，路有犬吠

仁先曰：

倬尼所陈不足为怪。倬尼崇德行善，乃仁之所使，德之所驱，所行者乃人之正道。

（图 82　君子行道，路有犬吠）

然君子行道，路有犬吠。仁德之道恰如山棘之路，多受荆棘乱石之阻，常遇沟壑陡崖之滞，甚遭豺狼野兽之扰。有山即有棘，有善即有恶，山棘相伴，善恶共生。

行善得善乃人之所愿，行恶得恶亦人之所愿。然世事难料，善恶搏挣，万事难如人愿。行善道反得恶果，行恶道反享善果，时而有例，不足为奇。然例不为律，人遇其例，岂可弃善从恶，以恶行而得善果？倬尼愿试乎？[①]

倬尼承曰：

此正为己之所困。

① 仁先强调“例”与“律”的关系。行善道而得恶果者，确有其例，然“个例”并非“定律”，不可以例改律。

（图 83　仁德之道恰如山棘之路）

失亲之夜，倬尼为救邻里，舍生忘死，舍家顾人。邻里全家得救，倬尼全家遭殃。倬尼愤而不平，妒恨难忍，怒向邻家投火焚屋，邻舍顿成灰烬。

然自此之后，倬尼除承失亲之痛，更兼失德之熬。夜夜不能寐，举目不视人，心似爪抓，喉似茅塞。人生在世，何以如此困熬?

第三节 善善相长，恶恶相加

仁先续曰：

倬尼之熬，乃弃善之熬。弃善之熬，甚于择善而得恶果。

择善得恶果，或为善恶相交所致，或因心至善而行未果，或为命理所致，然不失心善心安。而弃善之熬盖因心至恶邪，心既恶邪，何果可解心熬？

尤当善行未得善报，人心愈须守正。

（图 84 仁先图）

心正则目清，目清则视洁，视洁则生善。心邪则目污，目污则视秽，视秽则生恶。善善相长，恶恶相加。[①]

第四节　守约践约，终得善报

仁先言罢，约先曰：

天帝与人有约。

凡坚守天帝之约者，盖以积德行善为现行，经日积月累，而为义人。常人所重善恶之报，皆为现世俗报，常以福祸苦乐为量尺。与天帝有约者，生死苦乐置之度外，以义为标，终成义人，守约践约，终得至高善报。[②]

第五节　凡人耶维

昔有凡人耶维，隐于市井，没身庶众，不事张扬。然耶维心有天帝，重德好义，行必克己，为必善人。己不欲必不与人，己所欲必先与人。乐善好施，有求必应，倾尽己之所有，竭尽己之所能，甚或断臂取义，亦在所不惜。

---

① 此处言及"心正"、"目清"、"视洁"、"生善"的关系，以及"心邪"、"目污"、"视秽"、"生恶"的关系。

② 约先强调，与天帝订约的人，在考量善恶报应时，不以俗界苦乐为标尺，而以对天帝的守约、践约为标尺，以"义"为标尺，能成为"义人"，就是最高的善报。

然耶维周边浑噩者众，狡黠者多，刁奸凶恶者为数不少。恶人用其善心，啜其血汗，食其脏腑，辱其心性，甚欲置其死地而后快。

君子多招小人，小人多使阴招。

小人趋利，如蝇叮粪，驱之不离。君子固义，如犬护主，饥之不弃。君子尤似风中之松，经摧打而不折，历雨濯而弥坚。

耶维从善如流、嫉恶如仇，经九死而得一生，终得天帝眷顾，终为义人，而得众生尊崇。

耶维善行屡得恶报，乃世之所然，人之常情。人之所在，皆善恶并存，扬善弃恶，虽人心所好，然非人行所好。扬善弃恶，非人人共为，亦非人人共时共为。

天帝在上，尝以挫难检验，非经万千磨难，难成义人，难得终报。耶维呕心沥血，汗泪竭尽，苦皮肉而煎心智，经万挫而不折，终受造为义人。[1]

耶维以身践行，欲为大树，不与芥争，不计苦乐得失，广播天道大义，终为世人感念不忘。

第六节 因果相报，大律不改

空先闻之，半晌不语，盖因空先向以善有善报、恶有恶报为信。倬尼所言，悖空先所倡，逆空先所导，倬尼甚欲得空先释惑。

① 视“挫难”为检验。

空先曰：

善有善报，恶有恶报，盖因万物皆有因果。善因结善果，恶因结恶果，犹如种瓜得瓜，种豆得豆。然善恶相报，报有其时。

春月播种，秋时收果。秋时未至，何来所获?

善恶因种，栽于心田，耕于躬行，果于众生。[1] 大千世界，风雨春秋，早收迟收，丰收荒收，实在变中有常，常中有变。

（图 85　空先图）

① 此处论及善恶报应，以“种”、“栽”、“耕”、“果”的关系作比喻：善恶的种子，栽培于心田，靠人的行为去耕作，最后的收获体现在大众身上。

然因果相报，善恶相应，天地大律不改。

朝有日出，虽有云遮而不至日没。夜有月现，虽有缺损而不至月亡。日月有变，天地有化，然不改亘古之恒。

善恶有报，常显因果不应。然世人多有不知，报分前报终报。前报非终报，终报非前报。前报先来报果轻，终报迟来报果重。莫因前报而生疑，善恶必有终报时。[①]

第七节 善恶有报亦无报

异先听罢前述，笑曰：

善恶有报亦无报，万果有因亦无因。恒无定律，异无定例，实乃普世律例，岂可追究至律至例？[②]

第八节 世不离道，道不远人

道先曰：

大道之行，浩荡无痕。

天有日月交替、阴晴变换，地有山川起伏、万物竞生。

① 空先提出善恶报应有“前报”和“终报”。

② 异先认为，善恶报应无规律就是规律。

物有千态，世有万变，厚道之人反得恶果，薄道之人反享美果，祸福相依，俗生常态，何足为怪？

君子行善，善则遏恶。然面恶何为？

以恶报恶，君子不为。以善报恶，君子所为。然以善报恶，或致恶消善长，或致恶行不止，甚致恶行暴长。

上善若水，善利万物。大恶若水，泄而不止。

遏恶扬善，君子所为。抑恶除恶，是为大善。[1]

遏恶性，方可抑恶行，消恶果。除恶土，方可生善树，结善果。

恶不遏，善何扬？嫉恶如仇，天人共遏之。怀善如亲，天人共扬之。是为人顺天道，天行人道。

世间万物，不出天地之间。万物相效，不出天道之行。天道人间，大道亘古不变。世不离道，道不远人。

倬尼听罢，似有所悟。

第九节　天道人道相统，天下人间无争

道先续言，遏恶扬善，人须德行兼备，事须适时合运：

---

① 此处讨论了一个十分重要的问题：君子行善，有时会使恶消善长，但也常会“恶行不止”，甚而反至“恶行暴涨”，纵容了恶，该怎么办呢？道先给出的结论是：“遏恶扬善，君子所为。抑恶除恶，是为大善。”这里表现的同一味地“以善报恶”、“以德报怨”的思想有所不同。

人之为人，德行兼备。

配位顺势，适时合运。[①]

德不配位，必有灾殃。

行不顺势，必有灾害。[②]

谋不适时，必有逆违。

事不合运，必有乖蹇。[③]

德行兼备，必有大成。

时运兼备，必成宏图。

德行位势相配，谋事时运相适。

天道人道相统，天下人间无争。[④]

道先嘱倬尼：

依天道修德修为，依时运谋事行事。不为享欲所动，不为恶苦所摇。位势相适，时运自备，天道必报。

---

① 如何才能“遏恶扬善”？此处提出德、行要兼备，特别提出了“位”、“势”、“时”、“运”的概念，人的德、行要与“位”、“势”、“时”、“运”相配相合。

② 人的品德要与其位相配，否则有灾殃；人的行为要顺势而为，否则有灾害。

③ 人的谋划要适时，否则会适得其反；人的行事要合于运，否则会不顺遂。乖蹇：不顺。

④ 德行与位、势配合，谋事与时、运相适，最根本之处在于天道与人道相统一，这样就可以天下无敌了。

第十节 顺天行道，出凡入圣

倬尼携倬尔返乡，父子依先所嘱，顺天行道，为人举义，不屈不挠。

倬尔三十而立之夜，天光大闪，细雨如雾，倬尼静坐之中驾云西去。倬尔身承天光，周身明澈，经络可见。是夜倬尔明道，出凡入圣，承父衣钵，道传天下，造福万民。

（图 86 天光明道）

第六章　来世何来

第一节　孪生奇人

普罗、普勒为孪生奇人。二人貌似山鹰，足似仙鹤，居无定所，行踪不定。不同者普罗头顶有红鹳，普勒头顶为绿鹳。传曰红鹳者为兄，绿鹳者为妹。亦曰绿鹳者为兄，红鹳者为妹。亦曰无分男女兄妹。[①]

普罗、普勒多与飞鸟林兽为伍，时常出没乡陌市井。远近族人无不知晓，然无人明识普罗、普勒出自何族，来自何方，亦不确知何男何女。

好奇者询问，普罗、普勒自称来人。有人以其为远乡来人，有人以其为过来之人，有人以其为将来之人。

第二节　普罗善预知

普罗善卦，可预知来日事变。大至家国兴盛、皇室更迭，小至个人福祸、婚嫁嗣后，皆能预知。

尤擅滴血观命之术，以食指取血数滴，融于镜盆水中。镜盆由东海晶石天然化成，纯净透明，天下无双。

---

① 可参阅《两界书》造三章一节，此处似与“初人”再造为“中人”的叙事有内在逻辑关联。

指血融于盆水，经晶石映照，可显人身命理。命理之图繁复驳杂，曲直交错，动变静化，由此可知人身祸福，可断生死时节。粗略者以春夏秋冬四季而定，精确者可至月日时辰，所来求卦者，事后无不验证。①

有获知时日不长者，返归乡里，或饕餮暴食，或纵欲寻欢，或遗嘱善后，或自己毙命。普罗见状，渐少行卦测之事。

第三节　普勒善溯观

普勒头有绿鹳，传勺后有眼，可溯观先前之事，诸如先祖自何而来，族人往昔姻缘流变。至于过往百工诸事、乡人行善作恶，皆可溯知。

普勒前目与人无异，后目平日闭合，隐于发中。普勒行功之时，前目为肉目，视人由眼及面，由面及身，复由身及面及眼。后目为意目，随意念张开，可穿时越空，可聚散合物。经意目所视，虚象渐可凝固，及至复为原状。普勒运功一时辰，可知过往三百年。至于月内之事，后目止须微张，不时即可溯知。

第四节　会于溪畔

平日普罗、普勒各自行事，从不同处，亦不共事，尤不合卦

① 参阅《两界书》工五章一节至四节；命四章四节。

共测。是年清明之际，春雨绵延近月，日头少出。二人乘雨出游，不期遇于溪湖之畔。

溪湖东西狭长四百里，北依观龙大山。观龙山山高险峻，由山南望，似见欲飞祥龙卧于湖畔，故称观龙山。卧龙异于常见之龙，状似麒麟，龙首牛尾，蓄势待发，振翅欲飞。溪湖水清且深，水自山上而来，溪流汇聚而成，故曰溪湖。

第五节　天光笼罩

普罗、普勒会于湖畔，周边似有天光笼罩，骤雨不入，俗务不扰。有途人经过，甚感惊奇。亦有路人远处观去，只见一人临湖独坐，并无二人交语切磋。

二人面向而坐，相互端视，似为自观。普勒可见普罗过往之事，普罗可见普勒将来之事。

天空突有电闪雷鸣，山间湖面泛起红光。时序似停，空维似止，万物归息。普罗、普勒突为天力相统，两意相合，两躯相并。

后人曾见，一人岸边行走，有剩衣冠弃于湖西。行走之人，或为普罗，或为普勒，莫衷一是，无从确认。

普罗、普勒合为普罗勒，躯体不胀反缩，形貌未改，意知大变。普罗勒集普罗、普勒所长，观象推理、前瞻后溯，皆超过往。惟欲自知来日何状，实不能为。[①]

---

① 两躯相合，似为《两界书·造人》中“初人”复现，抑或昭示“中人”之后的“终人”征兆？

第六节　普罗勒问来世

普罗勒惴惴不安，遂登问道山，求道诸先。

诸先见普罗勒登临，甚感诧异，因所见普罗勒似真似幻，似双似单，知其绝非俗界凡人。

普罗勒曰：

吾生天地之间，脚下有地，头上有天。吾生昼夜之间，一忽为昼，一忽为夜。吾生春夏秋冬之间，春夏之后有秋冬，秋冬之后有春夏。吾在生死之间，生后有死，死后有生。

然吾有感而无知，有悟而无识，生后有死，死后何生？现世在现，来世何来？[①]

第七节　既生现世，即立现世

仁先曰：

既生现世，即立现世。行善积德，仁义礼孝，尽心意躬力行，来世自来。[②]

① 人生有死，死后有无来世？如有，来世是怎样的？按照万物循环的宇宙观，“生”作为一个起始的“节点”，之后必有后续的“节点”循环下去，就像昼夜轮转、禾苗枯而再生一样。所以，人对“来世”的问题一直充满好奇，这是人类自身关切的又一个终极之问。但人类的各种思想对“来世”的认知并不相同。

② 仁先认为，既生现世，应把现世的事情做好。

第八节　为来世订约

约先曰：

人有来生，世有来世。今来之间，薄似蝉翼，厚比天地。

今生来生，今世来世，今来两界，俗人止存其一。惟天帝置界桥，可通两界。[1]

（图 87　天帝界桥，可通两界）

① 约先提出“界桥”的概念。今、来两世，分处两界。两界之间，俗人难越。惟有通过天帝搭设的界桥，才可贯通今、来两世界。

来生类如今生，喜怒哀乐俱存。来世亦如今世，明暗曲直俱在。今生今世所为，实为来生来世之约。人生现世，皆为来世订约。[①]

第九节　今来各有界律

法先曰：

今生来生，今世来世，恰如昨日今日，今日明日。日日更新，日日有同，日日有异。

野有蛾虫，朝生夜亡，夜生朝亡，命长一日，故名一日虫。人生在世，短如一日之虫，长似百年之龟，时有长短，实者无异。故于人而言，今生来生命数之限，今世来世命理之规，实难逾界验知。

今来两界，各有界律。

界律分二，一为界内之律，二为界际之律。人生现世，当循现世之律。今生万象，当为现世之律所左。来生来世，当为来世之律所右。今来两生，生同而世不同，世不同而律亦不同，是为界内之律不同。[②]

① 今世的所作所为，是与来世订约。实际上是以“与来世订约”来影响人的现世行为。

② 约先是信仰感悟式思维，法先是理性逻辑式思维，故法先认为今、来两界，各有不同的界律，今世按今世之律，来世按来世之律，今、来两界之间，界律不同，难以逾越。

（图 88　法先图）

尤异者，今生与来生，今世与来世，分处两界。两界间如深壑，虽架天梯云桥，亦难跨越。超凡智者略可意会，凡夫俗子何越界桥？依法先所察，普罗勒已属超凡智士之列，故可意会，而止于意会。

第十节　来世自有来喜悲

空先曰：

今生来生皆为生，今世来世皆为世。

人活今生，存于今世，眼观今象，耳听今声。今生自有今性情，来世自有来喜悲。今世自有今世牵，来世自有来世念。

人生于世，如漂浮之云，散落之叶，无足轻重。人生于世，如土穴之蚁、草芥之虫，无关天地之存，无关日月之转，无关今来之变。[①]

第十一节　道魔相争，终以异终

异先曰：

人生在世，性有所别，貌有区分，寿有长短，命有贵贱，皆为躯壳矣。

惟躯内有灵，依于躯而超于躯，贯于虚实之间，游于今来两界。然灵之为灵，不为躯壳所制，不为物实所限，不为理据所循，不为阴阳所阈，实为异界。

异界可感而不知，可念而不信，故存于有无之间，亦存于今来之界。[②]

宇宙乾坤，星转斗移。芸芸众生，善恶辅成。魑魅魍魉，

① 空先既认为今生自有今性情，来世自有来喜悲，又认为人生无关今世、来世之变。在极度的超越视野下，一切皆为空无。

② 异先提出“异界”之说，特点是可感而不知，可念而不信。神秘主义意味甚浓，确意待考。

（图 89　异先图）

道魔相争。巫信智悟，终以异终。异终为始，新纪开启。[①]

第十二节　以意为介，可得联通

道先曰：

① 巫（巫术）、信（信约）、智（理智）、悟（悟觉）被认为是人类认知世界和自身发展的几个重要阶段，此处认为最后将以“异”（异变）为终结，这个终结也是一个新的开始。

今生来生，生生不息。今世来世，世世代传。自天帝造物化人以降，以时维为世，以空维为界，造构世界，生息万物。

人生于今世，预备来世，恰值今来两时世之间。人立于今界，预备来界，恰值今来两空界之间。

时空两维，今来两世界，有大异而不隔绝，有界限而不断然。两维两世界，以意为介，可得联通，实生意界。

意界超乎时空，越乎今来。既为两界之媒，亦为天地固存，实为三维本界。意界存于生灵之魂，万物之魄，意以控物，左右世界。大意无象，隐存不形，实为根本，凡人难觉难识。①

今来并存，时空俱进，意界固生而日日增强，新纪将临。然无论今来两世，时空两界，抑或固生日强之意界新纪，均无外以天道运行。

天之道浩渺无垠，超然万世万界，统摄万世万界。人之道天道所附，合天道人道所归。今生来生同然，今世来世同然，今界来界同然。②

---

① 道先提出，在今、来两界和时、空两界之间，实有“意界”为联通，而“意界”实为立于两界而又超于两界的“三维本界”。这种“意”为万物之魂，无象不形，左右世界。

② 此处再论“意界”原本就存在（固生），而且逐渐显现增强（日强），当达到一定程度时，新的纪元就会来到。但即使如此，新的纪元仍不超乎天道的运行。

第十三节　意界临

普罗勒续询六日，六先各述其见。及至第七日，普罗勒终有悟化，遂成超界之人，驾云而去。后著《意界临》，传嵌顽石之中。

第七章　何为人主

第一节　兄弟临山

有孪生兄弟，一名维义，一名维戊。年逾而立，相貌言语无所不同，无人能辨。惟父母双亲举目可认，闻声可识。然平日待人处事，兄弟二人尽不相同，常生争拗。

是年秋收之后雪降之前，维义、维戊安顿家务，背负行囊，越千山涉万水，登临问道山。

维义、维戊拜见六先。

第二节　维义问人主

维义曰：

义、戊遍游天下，见芸芸众生肤貌不同，心性回异。虽立族分国各有其王，然人心各异。族国之间争拗不断，相互残杀。族人之内纷争离析，似群鸟无首，群兽无王。

虔诚者敬族神，然族神不一，各有所向。循规者敬王法，然王法有别，各有所制。胆大者妄为，妄为者常获利取金，故趋利者如过河之鲫。胆小者龟缩，常木讷滞后不得毫厘，或为乖巧者戏弄羞辱。

吾尝忖思，脚下有大地，头上有苍天，万千众生，必有其主，无主则迷乱。然何为人主？①

第三节　维戊不苟同

维戊曰：

诸先在上，维义所言，吾不苟同。众生万千数不尽数，何人何能何德堪为全主？大千世界斑驳陆离，人各有志，志各有别，万众怎可同心？既不同心，怎可归同主？

义兄终日寻主，不单为己寻，亦为弟与众人寻，故而烦恼不已。②

① 谁是人的主人？维义忖思，众生万千，人若无主，走入迷乱是必然的。“维义之问”不仅是一个终极之问，也是一个基于他个人生命体验所做的现实之问。

② 与维义不同，其弟维戊则认为无有人主：人各有志，万众不可能同心同主，故无须追寻“人主”。

第四节　天帝为人主

约先曰：

树有根，水有源，人岂能无主？人无父不生，无母不养，无天帝万物无以所在。

举目望去，人来熙熙，人往攘攘。忙而不乱，乱而不亡，生生息息，代传有序。惟天帝造化万物，以人为重，赋人灵道。天帝与人订心约，使万众区分禽兽，别于顽石朽木。

天帝为人主，惟天帝创世造人，启导万众，万众奉天意躬行治理，方使世界有章有序。[①]

第五节　各族皆欲独享眷顾

维义曰：

约先所言极是。

然天下诸族，各奉族神，各称本族之神为真神。天下诸族各执其是，故争拗不断，究竟何族所言为是？

约先曰：

① 依约先的观点，天帝已与人（信人）订了心约，天帝自为人主，故世界才会有章有序。约先是从其信仰的角度而言。

大千世界，九九归一。天下万族，原本同一天父，故天帝真神为惟一。

然天帝至高，族分各地，举头仰望，均受目力所限，不能周见全知。故各族皆欲独享天帝眷顾，独成天帝子民。然实不能矣。①

第六节　万民怎可同识天帝

维义再曰：

天帝在上，万民在下。然万民之众并非人人可见天帝，亦非人人能识天帝，竟为何故？

约先曰：

十指有长短，目力有远近。万众之民，怎可同识天帝？然天帝启导之工，不分先行后进，不分有迹无痕，潜移默化，循序渐进。其行在有形无形之间，其功在显潜无意之间，其利在百世千国万民之间。②

---

① 针对维义所问，约先解说为何各族各奉族神，以及各族之神与天帝之间、各族相互之间的关系问题。

② 针对维义所问，约先解说为何万众之民不能同识天帝的问题。

第七节　仁善为万众心主

仁先曰：

普罗众生，万变不离其宗。仁善之心，人皆有之，大小之分。仁善之情，人皆向之，厚薄之分。仁善固于人心，化于人际。

无仁善人之不存，世之不序，故仁善为万众心主。心有仁善，挫而不悔，物失而心得，利他而悦己。[①]

第八节　法为万民之主

法先曰：

天帝之敬，仁善之诚，天下大众皆有不同。人乃血肉之躯，俱有七情六欲。天帝高远在上，岂能照顾周全？仁善在心无痕，岂能永固樊篱？

族无法不立，国无法不治，人无法不正。故法为族国之纲，亦为万民之主。世之失序，人之迷乱，皆因法义不明，法行不公，法制不谨。[②]

---

① 依仁先的观点，“仁爱”为万众“心主”。仁先是从人性教化的角度而言。

② 法先之见不同于约先，亦不同于仁先，而是认为“法”为万民之主。法先之言不同于约先的信仰角度、仁先的教化角度，而是从理性政制的角度。

第九节　食色享乐为人主

维戊曰：

诸先所言听之有理，行之甚难。

人生苦短，如三月芥草，转眼枯逝。甜苦两果，谁人不食甜果？坦途荆路，谁人不行坦途？暴晒雨淋，谁人不识避日遮雨？

人之为人，多凡夫俗子，自以食色为天。食色本性，享乐随欲，即为人主。①

第十节　人有悟觉即得心主

空先曰：

天下众生，不过匆匆过客。

有崇日月星辰，有崇山海河川，有崇虎豹禽鹰，不过人心所为，心之所寄，实小异而大同。

人有七情六欲，追名逐利拜金，乃本欲所使，实为过眼烟云。有甚者图一时之快，本欲所驱，禽兽般争夺噬杀，一毫莫让。非你死我活，即两败皆伤。

① 维戊之言代表了世俗享乐主义，即认为食色本性、享乐随欲就是人主。

舍命求物，岂不舍本求末？舍他惟己，岂不与世为敌？人生于无，终归于无。世界本无，何须究有而复有，多上再多，执迷而不悟？人有悟觉，即得心主。[①]

第十一节　己主在己，异为人主

异先曰：

人之为人，因其知耻害羞，以仁制欲。仁以善信为实，欲以利贪为本，皆为人之固有。大千世界，仁之善信各有所向，欲之利贪各有其径，仁欲之衡实因人而异。

况人为活物，既非顽石，亦非草木，生灵之妙与理世之难，悉在乎此。故人生在人，己主在己，异为人主，汝等信乎？[②]

第十二节　人心无主，何立世界

道先曰：

人生在世，非活于净空，合群而生，分类而工。渔耕

---

① 空先依其“人生于无，终归于无”的根本理据，认为人若能有此悟觉，便寻到了人主。

② 异先认为“己主在己”，但不同于维戍所言的人的“食色本欲”，而是人的“异”为人主。

织猎，官宦臣民，皆有所工。无论何工，必有事主，上至皇亲国戚，下至平民百姓。事主之外，人有其心，有其心必有心主。事主在外，群生分工而致。心主在内，人为灵长而致。

维义、维戊所问人主，实为人之心主。世界维心，心维世界。[①] 人心无主，何立世界？身无居所，风吹雨淋，兽畜无异。心无居所，漫地野游，亦兽畜无异。腹饥无食粮，口不择食，凡物皆吃。心饥无食粮，魂不附体，恶于猛兽。[②]

第十三节　人立道、欲之间

人在现世，立于道、欲之间。道者，天之大道，人之灵道。欲者，人之本欲，食色地欲。故人以道为天，以欲为地，道欲相辅，天地而成。以灵道为天，以食色为地，天地相辅，男女而成。

天道在上，人依道而行，有伦有序。地欲在下，人依地而立，双脚不空。故人有双目，心有两鹜。一目识道，一目视欲，道欲遇于心，轻重翻转，浮沉有变。食色利欲人性之本，无本则无生。天道化灵人之为人，失道何以成人？

---

① 人心无主，何以安身？道先对人的认知，十分强调人是一种精神的存在，故称“世界维心，心维世界”。基于此，得出了人心必须有主、无主何以安身的结论。

② 道先虽然十分强调人的精神性存在（道），但并未忽略人的物质存在（本欲需求），此处辨证地论述了道、欲合于人的关系。

第十四节 道、欲、人三维而织

万千世界斑驳陆离，实乃道、欲、人三维而织，三纲而张。故人处天地之间，脚立道欲两界。或以道为主，或以欲为先，或道欲共主先，实为人之恒惑，古今难解，解亦未解。

人世繁复，然不过三维两界。古今贤哲受天帝启悟，几多妙思，几多偏颇。非以天之大道统摄，人世万古无以解惑。

人、道、欲立于三维，三维各蕴两界。人者蕴于道、欲，道者蕴于人、欲，欲者蕴于道、人。[①]

（图 90 脚立两界）

① 道先概括，繁复难解之人世，本质上不外是人、道、欲三维构织，而三维中的人、道、欲三者相互依存，这种相互依存的关系实际上相互蕴含了两界。

第十五节　无欲无生，无道不人

人因道、欲相辅而为普罗众人，无欲则无生，无道不成人。以道制欲，人别于禽兽而文明。以道疏欲，制疏相宜，则合人律而通天道。欲道断分，人不成人。欲道相制，合而成人。[①]

第十六节　以道疏欲，致欲适人

道因人、欲相适而行。道制欲成人，然制非滞也。故须以道疏欲，致欲适人合道。古今传道之大谬，悉在以道滞欲，以致道传不畅，道不自然，人之拒道。[②]

第十七节　欲为人、道所依

欲者，实为身饥也。人岂可无食而生？岂可饮风而饱？饥渴而食，性之使然。食而生人，道之使然。欲者不可绝，无欲亦无人，无人则无道，故欲实为人、道之所依。[③]

---

① 此处论及人与欲、道两者（两蕴，或两界）的关系。

② 此处论及道与人、欲两者（两蕴，或两界）之间的关系，并指出史上道传不畅的原因。

③ 此处论及欲与人、道之关系。

第十八节　族群有分，天道无别

世之三维，维之两界，动静变化，相制而合。

天下九教十八流，同中有异，异中有同。各有所执，各有所废。统合融纳，可补短长，可合大道，可适人律。天道人律适合，天长地久人生。[1]

至于天下千国万族，国族有分，天道无别。

（图 91　道先图）

① 提出“人律”的思想，论及“天道”、“人律”适合，方可天长地久。

国有山河之界，族有道统之别。亡家国者，毁其城郭，灭其政体。亡文化者，毁其道统，灭其族魂。族魂在，国亡可再兴。族魂灭，城郭乃躯壳。

然天道盖顶，无分家国，超然族群。顺天合道，家国兴隆，族群强盛。

大道在上，族以载道。族有道统，乃大道之统，分族各显，合族共现。故曰道族不悖，天道无疆。[①]

道先言此，约先、仁先、法先、空先、异先似有感同，似有异言。

第十九节　六说不悖，皆有其悟

道先续曰，诸先所言，与道先不悖。本先盖之曰：

以道为统，无统不一，无一何生万物。

以约为信，无信不通，无通何生和合。

以仁为善，无善不爱，无爱何生家邦。

以法为制，无制不理，无理何生伦序。

以空为有，无有不在，无在何生世界。

---

① 此处论及天道与族群的关系。

以异为变，无变不化，无化何生久远。[1]

道先转视维义、维戊，嘱曰诸先所言，皆有其悟。六说之统，合有妙用：

六合正一，道通天下。

六合而可正，合正而为一，正一而容六，一六而贯通，道归合正。[2]

第二十节　合正道至简，生当悟大道

合正道至简，生当悟大道。大道在己身，群独须躬行。天道立心，人道安身。[3]

盖曰六言，可作铭记：

敬天帝。

孝父母。

善他人。

守自己。

① 此处讲天下道、约、仁、法、空、异六说融会贯通，六说各有其用，可成对世界的综观。

② 此处提出“合正”的思想，“六合正一（义），道通天下”。

③ 此处提出“立心”、“安身”的思想：“天道立心”，“人道安身”。

淡得失。

行道义。[①]

第二十一节　至本者敬天帝

道先复言：

六说六言，至本者为敬天帝。

敬天帝即敬天地。人生天地之间，举头三尺有神明，离地半寸无根立。天意在上难违，地气在下不绝。心无敬畏，胆大妄为。人自为主，终将自毁。人享天帝之眷，凭天地立身，得天道指引。故天道自然为人主，高天大地为父母。[②]

第二十二节　至要者行道义

六说六言，至要者为行道义。

① 此处将“六说”概括为“敬”、“孝”、“善”、“守”、“淡”、“行”六字，浓缩了天下六说之精旨要义。有信仰层面之“敬”（敬天帝–天地，敬畏、敬仰）、伦理层面之“孝”（孝父母，孝敬、孝顺）、社会层面之“善”（善他人，善待、友善）、个人层面之“守”（守自己，自制、自省）、功利层面之“淡”（淡得失，淡泊、淡然），以及实践层面之“行”（行道义，顺天行道、为人正义）。

② 论及“天帝”即“天地”，天地父母。此处显示，该话语呈现的是一种超越了一般宗教范畴的文化–哲学话语。“天地”即“天帝”，乃人类须内心敬畏之寄托，自在永在，人生所依。

行道义即行天道尽人义，顺天行道，为人正义。善恶必明辨，从善如流，嫉恶如仇。生死当不迷，生之坦然，死之如归。悟行须合一，修在当下，皆为道场。①

道先曰毕，赐合正道符于维义、维戊，并授六合花种，嘱其善播善种。维义、维戊手执合正道符，怀揣六合花种，心悟道、约、仁、法、空、异六先合说，谨记敬、孝、善、守、淡、行六言，携手而归。

（图 92 合正道符）

① "六说六言"中被认为最根本的是"敬天帝"（敬天地），强调敬畏之心；最重要的是"行道义"，强调践行的重要，须悟行合一、修在当下，事事皆为修行，处处皆为道场。

第八章 六合花开

第一节 维戊荒废而弃

维义、维戊返归乡里，六合花种各分其半，山坡河畔四处遍播。然天旱地瘠，风雨不顺，所播花种多难生发，生发者多难长成。偶有长成之株，或为杂芜侵挤，或为野荆掩压，实难开花。

维戊耐性尽失，荒废而弃。

第二节 维义耕耘不辍

维义耕耘不辍，持之有恒。年近花甲之际，维义所种六合之花遍野尽开，香满山间。

第三节 六合花开有七彩

六合之花花开六瓣，每瓣一色，分呈赤、橙、黄、绿、青、蓝六色。花心居中，独显紫色。一花怒放，七彩斗艳。细观之下，七彩合混，实难断分。有谓：六合花开有七彩，辉天映地显世界。[①]

---

① “六合”之说参阅《两界书》分二章一节：“六方合风”；问二章一节：“六先论道”；问七章十九节至二十二节：“六说之统，合有妙用。”

（图 93　六合花开）

六合花开满地，天光普照山川。

维义得天谕：六合之花，实为心花。心花种在心上，生在身上，开在行上，果在人间。

第四节　心花遍播

维义化用六说六言，遍播六合心花。后留有维义六悟，称曰：

道统大千，道可受而不可悖。

约信万民，约可守而不可违。

仁修自身，仁可固而不可懈。

法制众生，法可循而不可逆。

空得世界，空可悟而不可弃。

异变久远，异可适而不可滞。

维义心得灵道，以身践行，一生坦然，称曰啼哭而来，笑着离去。后人多以维义为范，有谓：

六说六言合正道，两足两界走一生。

第五节 循礼遵制，国泰民安

后尊六说六言为圣，定为礼制，严守不殆。①

礼制谨严，有日制、周制、月制。男女老幼循礼遵制，习以为常，潜心默化，国泰民安。

日制者，每日所循之制。寝前心诵，一夜得安眠。晨起心念，一昼行正道。

周制者，每周所循之制。敬、孝、善、守、淡、行六说，适东、西、南、北、上、下六方。六说相合有整成七，六方相合有中成七。故七日为一周循。首日为敬日，次日为孝日，三日为善日，四日为守日，五日为淡日，六日为行日，七日为合日。依序递次，每日诵念其一，七日合诵合念整六，循环往复，周不间断。②

月制者，每月所循之制。一月为敬月，二月为孝月，三月为

---

①“礼”是中国古代有代表性的传统思想之一。此处提出“礼制”的问题，即将“六说六言”以礼仪规范的形式加以固化和实施，以达到对人心的潜移默化作用。

② 一周七日，六说各对一日共六日，第七日将六说（六日）相合。

善月，四月为守月，五月为淡月，六月为行月。半年一循，一年两循。

无论日制、周制、月制，要在心念口诵身行，心口身三整为合，念诵行三合为整，不可悖逆。

后有以赤、橙、黄、绿、青、蓝六色，分饰于敬、孝、善、守、淡、行六圣，以紫饰合，分别表征。人见其色，即发其敬，即起其心，即行其道。

有以辑录为籍，以文化人，书香满地，紫气周来。

第九章　灵符赐福

巍巍问道高山，问道长路漫漫。六先居山论道，问者络绎不绝。

所问所论，天地人间、本界异界，无所不有。后遗有《六先书》未罄稿藏于秘山。《六先书》亦称《问道书》，要纪之际得显俗间。

偶有道、约、仁、法、空、异六先灵符现于道山半途，消散迷雾，为人指路。

间有敬、孝、善、守、淡、行六圣之符流传坊间，驱邪扶正，为人赐福。

（图 94　敬符）

（图 95　孝符）

（图 96　善符）

（图 97　守符）

（图 98　淡符）

（图 99　行符）

【附录一】 简称表

创世：创

造人：造

生死：生

分族：分

立教：立

争战：争

承续：承

盟约：盟

工事：工

教化：教

命数：命

问道：问

【附录二】 参考主题索引

卷一 创世

1. 世界的起源

2. 天地与空间

3. 昼夜与时间

4. 世界的建构

5. 万物的创造

6. 世界的维度

卷二 造人

1. 万物的分类

2. 世界的治理者
造 2：1 初人；造 2：2 天选；造 3：1 中人；造 3：2 男女；
造 3：3 繁衍；造 3：4 人兽有别；造 3：5 东角采田；
造 4：1 天水大谷；造 4：2 通窍悲喜；造 5 春发知羞；
造 6：1 以人为选；造 6：2 天帝在上

3. 初人（最初的人）
造 2：1 初人；造 2：2 天选

4. 中人（人的中间阶段）
造 3：1 中人；造 3：2 男女；造 3：3 繁衍

卷三　生死

1. 人类的三个顽疾
生 1：1 天帝歇息；生 1：2 道欲分离

2. 灵道弱而不泯
生 1：3 灵道不泯

3. 人的命数
生 2：1 天帝了悟；生 2：2 良人存留；生 3：1 定命数

4. 人的命格
生 3：2 设命格

5. 人的能限
生 3：3 设能限

6. 人的生途
生 3：4 定生途

7. 隐藏的天光
生 4：1 击杀残留；生 4：2 隐藏天光

卷四　分族

卷五　立教

卷六　争战

2. 函人以绿为圣
争 2：1 依规生息；争 2：2 怪兽凶猛；争 3：1 以藤为圣

3. 函人雅人结仇
争 3：2 函钦继位；争 3：3 异族入居；争 4：1 雅人离散；
争 4：2 拔旗烧屋；争 4：3 雅人铭仇；争 4：4 割臂铭志

4. 雅人迁移
争 5：1 天显灾象；争 5：2 族帝召唤

5. 希人开疆引水
争 6：1 渴蟾作祟；争 6：2 希曼寻水；争 6：3 天河圣水；
争 6：4 谢恩雨神；争 6：5 族师会议；争 6：6 求悟天启；
争 6：7 天渠绵延

6. 布人讨伐希人
争 7：1 犀水枯竭；争 7：2 布禹寻水；争 7：3 犀水易流；
争 7：4 合歼希人；争 7：5 换旗改流；争 7：6 天意难违

7. 布人福祸相转
争 8：1 返归故里；争 8：2 天有不测；争 8：3 水多成患

8. 耶人兄弟阋墙
争 9：1 秋实节庆；争 9：2 香桂花环；争 9：3 兄弟竞献；
争 9：4 花环易主；争 9：5 耶族内讧

9. 撒人争美女
争 10：1 倾国之美；争 10：2 族王好色；争 10：3 兄弟提亲；
争 10：4 以剑为语；争 10：5 撒弗继位

10. 天帝在上观望
争 11 天使巡望

卷七　承续

10. 筑塔记先，立节纪祖
承 12 : 1 筑塔记先；承 12 : 2 立节纪祖

11. 均等共享，人有所息
承 13 : 1 均等共享；承 13 : 2 工有所长；
承 13 : 3 人有所息；承 13 : 4 嘉祖教诲

12. 以力得享，纲举目张
承 14 : 1 以力得享

13. 顺势随流，可合天道
承 14 : 2 随风而行；承 14 : 3 嘉弗族会

卷八　盟约

1. 跨族盟约
盟 1 : 1 族分枝权；盟 1 : 2 联族之盟；盟 1 : 3 合血族约

2. 族神之约
盟 2 : 1 离族远去；盟 2 : 2 族戚残杀；盟 3 : 1 天虎布云；
盟 3 : 2 布帝告谕；盟 3 : 3 布人受约

3. 物事交换之约
盟 4 : 1 牲畜粮谷交易；盟 4 : 2 布匹粮谷牲畜交易；
盟 4 : 3 宝石交易；盟 4 : 4 黄金宝石可成通币

4. 交易与欺诈
盟 5 : 1 柳巴交易；盟 5 : 2 柳卡欺诈；盟 5 : 3 德敦蒙骗；
盟 5 : 4 非羊非马；盟 5 : 5 欺者重罚

5. 道义之约
盟 6 : 1 德敦愁苦；盟 6 : 2 两子不孝；盟 6 : 3 以犬为伴；
盟 6 : 4 沉金入海；盟 6 : 5 与道为约

卷九　工事

1. 入云高塔
工 1：1 筑屋以高为尊；工 1：2 云中屋宇；
工 1：3 雅帝告谕；工 1：4 筑塔检效；工 1：5 高塔坍塌

2. 奔月飞车
工 2：1 函人名匠；工 2：2 梦幻飞车；工 2：3 函含受命；
工 2：4 族王限令；工 2：5 突得灵悟；工 2：6 鹤木成车；
工 2：7 魂托木鹤；工 2：8 飞车向月；

3. 穿山地龙
工 3：1 掘穴而居；工 3：2 挖损祺山神络

4. 千里眼
工 4：1 天作之合；工 4：2 冶炼制器；工 4：3 炼物随洪而去；
工 4：4 各见炼物；工 4：5 心诚成镜

5. 时镜
工 5：1 家有两子；工 5：2 落山裁决；工 5：3 镜像为证；
工 5：4 承父衣钵

6. 天下百工
工 6：1 匠工聚汇；工 6：2 智器神手；工 6：3 无所不能

7. 工物暴行，人为器奴
工 7：1 工事恶胀；工 7：2 升海百尺

卷十　教化

1. 人性之初
教 1：1 古有帝山；教 1：2 字符秘意

2. 人有两面
教 2：1 前后有脸；教 2：2 正面向人；教 2：3 心藏深处；

教 2：4 切心术；教 2：5 识心难

3. 恶念难绝

教 3：1 隐于群人；教 3：2 美果诱童；教 3：3 乡人俗规

4. 有人类兽

教 4：1 人长毛尾；教 4：2 为所欲为；教 4：3 群起效仿；教 4：4 兽性畅行；教 4：5 互视异类；教 4：6 尾人国民反

5. 心目观道

教 5：1 一目竖额；教 5：2 来者为异；教 5：3 承天习道；教 5：4 心目为要

6. 苛政终灭

教 6：1 万物萧杀；教 6：2 家奴三千；教 6：3 二孙伴行；教 6：4 祖孙互誓；教 6：5 百弃不弃；教 6：6 乐未忘返

7. 上合天道，下合仁道，普济众生，方成王道

教 7：1 推施仁政；教 7：2 乐而忘忧；教 7：3 骄侈暴起；教 7：4 上承天道，下载民意；教 7：5 三制有序，天人相合

8. 人言无信，类同犬吠

教 7：6 人言无信，类同犬吠

9. 国以民为本，民以食为根，同以道为天

教 7：7 以道为天；教 7：8 成败哈里

10. 弘倡天道，举步多艰

教 8：1 天子真降；教 8：2 举步多艰；教 8：3 招惹暗愤；教 8：4 鹦鸟护主

11. 道统为体，融汇为用

教 9：1 繁星闪烁；教 9：2 天字同现；教 9：3 哈法合治

12. 世因道生而有序，民因道出而有灵

教 9：4 首顺天道

卷十一　命数

4. 仙药非药
命2：4仙界一瞬；命2：5现命为砖；命2：6仙道非远

5. 命如悬灯
命3：1天光空降；命3：2祈问密钥；命3：3命如悬灯

6. 心通灯明
命3：4灯油何来；命3：5心通灯明

7. 昼有日灯，夜有月灯，人有心灯
命3：6三灯齐映；命3：7命理秘笈

8. 修身成道，行以载道
命4：1各有修行；命4：2星象变乱；命4：3雅翰回生；
命4：3超凡之能；命4：4阴阳界悟

9. 种豆得豆，善种在心
命5：1雅全种豆；命5：2雅曲种瓜；命5：3善种在心

10. 否泰转换，一念之间
命6：1得享遗福；命6：2承父之贫；命6：3雁鸟为朋；
命6：4洪水漫天；命6：5来好相救；命6：6雅霍不弃；
命6：7人无定运

11. 物有起始，必有其终
命6：8人各有命；命6：9必有其终

12. 天象变乱
命7：1日头变异；命7：2昼夜失序；命7：3冬夏失衡；
命7：4怪象迭出

13. 地象变易
命8：1地势变换；命8：2怪虫涌出；命8：3旱涝并行；
命8：4果粮不常；命8：5地象怪异

14. 物象化异
命9：1怪物层出；命9：2本能颠倒

15. 人象迷乱
命 10 : 1 男女性变；命 10 : 2 人自生变；
命 10 : 3 食无原食；命 10 : 4 生息悖序；
命 10 : 5 人为器奴；命 10 : 6 人无定性；
命 10 : 7 心无神明；命 10 : 8 基化因变

16. 时空错乱
命 11 : 1 时灯急燃；命 11 : 2 远空急聚

17. 灭而再生
命 12 : 1 六象俱乱；命 12 : 2 复始循环

18. 喜乐世界，布满良善
命 13 : 1 羊无灵道；命 13 : 2 袠德之问；
命 13 : 3 来好之答；命 14 : 1 良善布满人间；
命 14 : 2 篱笆拆除

19. 悲喜两向，天人共为
命 15 : 1 七鱼出海；命 15 : 2 天光现，帝坛出；
命 15 : 3 天人共为

卷十二　问道

1. 先知论道
问 1 : 1 山高入云；问 1 : 2 四面环水；
问 1 : 3 山高路险；问 2 : 1 六先居台

2. 问道者熙攘
问 2 : 2 问者熙攘

3. 人生的意义
问 3 : 1 元德本惑；问 3 : 2 依约而生；问 3 : 3 仁为人所在；
问 3 : 4 生而依理；问 3 : 5 无即本生；问 3 : 6 异则为本；
问 3 : 7 元德再问；问 3 : 8 依道而生

问 7：13 人立道、欲之间；
问 7：14 道、欲、人三维而织；
问 7：15 无欲无生，无道不人；
问 7：16 以道疏欲，致欲适人；
问 7：17 欲为人、道所依；
问 7：18 族群有分，天道无别；

8. 诸说不悖，大道至简
问 7：19 六说不悖，皆有其悟；
问 7：20 合正道至简，生当悟大道；
问 7：21 至本者敬天帝；问 7：22 至要者行道义

9. 循礼遵制，国泰民安
问 8：1 维戊荒废而弃；问 8：2 维义耕耘不辍；
问 8：3 六合花开有七彩；问 8：4 心花遍播；
问 8：5 循礼遵制，国泰民安

10. 灵符赐福
问 9 灵符赐福

【附录三】 插图目录

61. 天星显秘　教 9 章 2 节
62. 天道在上，纵横经纬　教 9 章 4 节
63. 梨花大雪　教 10 章 5 节
64. 元树图　教 11 章 2 节
65. 一根扁担两只筐　教 11 章 3 节
66. 心有灵约，风雨无阻　命 1 章 2 节
67. 仙界图　命 2 章 3 节
68. 命如悬灯　命 3 章 3 节
69. 来好鸟　命 6 章 3 节
70. 大舟逆势而上　命 6 章 4 节
71. 人鸟相伴，御风飞翔　命 6 章 5 节
72. 多日并出　命 7 章 3 节
73. 马脸似牛，牛脸似猪　命 9 章 1 节
74. 瘦者长大头，胖者长细腿　命 10 章 2 节
75. 羊无灵道，不识人语　命 13 章 1 节
76. 七首合欢　命 15 章 1 节
77. 天帝大坛　命 15 章 2 节
78. 天道山高路险　问 1 章 3 节
79. 六先论道　问 2 章 1 节
80. 解鹰图　问 3 章 4 节
81. 约先图　问 4 章 2 节
82. 君子行道，路有犬吠　问 5 章 2 节
83. 仁德之道恰如山棘之路　问 5 章 2 节
84. 仁先图　问 5 章 3 节
85. 空先图　问 5 章 6 节
86. 天光明道　问 5 章 10 节
87. 天帝界桥，可通两界　问 6 章 8 节
88. 法先图　问 6 章 9 节
89. 异先图　问 6 章 11 节
90. 脚立两界　问 7 章 14 节
91. 道先图　问 7 章 12–18 节
92. 合正道符　问 7 章 22 节